George Lafenestre

Le Salon de 1888

Critique

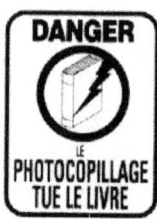
ISBN : 978-1981351688

10 9 8 7 6 5 4 3 2 1

George Lafenestre

Le Salon
de 1888

Critique

Table de Matières

I. LA PEINTURE.

Le Florentin Sacchetti, conteur moins érudit, mais plus naïf et plus vivant que son compatriote Boccace, raconte, dans sa cent sixième nouvelle, une plaisante anecdote. Vers l'an 1360, plusieurs artistes, parmi lesquels Orcagna et Taddeo Gaddi, tous anciens élèves du vieux Giotto, travaillaient à la décoration de l'église San-Miniato. Un jour qu'on avait copieusement dîné, la conversation, après boire, tomba sur les destinées de la peinture. Tous s'accordèrent à reconnaître que, depuis la mort de Giotto, il n'avait paru aucun maître de sa valeur. Taddeo Gaddi, son filleul, déclara mélancoliquement que l'art lui paraissait fini et déclinait de jour en jour. Il n'y eut, dans toute la compagnie, pour protester, qu'un joyeux sculpteur, un certain Albert. Celui-ci se fit fort de prouver à ses camarades que Florence possédait une brillante école de coloristes : « Ce sont, il est vrai, ajouta-t-il, des artistes inconscients et qui n'en font pas profession ; mais leur talent et leur savoir n'en sont pas moins remarquables. Les meilleurs peintres, à l'heure actuelle, ce sont les dames de Florence. » Là-dessus Albert entama l'éloge des Florentines, ces artistes si *modernes* (le mot y est), si savantes à accorder les nuances de leurs ajustements, si habiles à enluminer leurs visages et à modeler leur taille. En praticien expert, il abonda, à ce sujet, en détails techniques des plus concluants, prouvant clair comme jour que les grandes élégantes de la Piazza della Signoria restaient les plus fidèles gardiennes de la tradition et les plus sérieuses inspiratrices de l'avenir, puisque, si hardies et si expertes dans l'art de se peindre et de se sculpter, elles savaient, mieux que les artistes, réparer les incorrections et les maladresses de la nature en corrigeant la réalité conformément à un certain idéal.

Cette plaisanterie me revient en mémoire, à chaque ouverture du Salon, lors de la fameuse journée du vernissage, à l'heure où se coudoient, devant les quatre mille cadres exposés, dans un pêlemêle brillant et bruyant, tout ce que Paris renferme d'artistes et de femmes à la mode. Il est certain que notre école française, flottant entre des traditions vieillies et des aspirations mal définies, se trouve, depuis quelques années, aussi désorientée relativement que pouvait l'être l'école florentine à la fin du XIVe siècle. David, Géricault, Ingres, Delacroix, n'ont pas encore trouvé de successeurs à leur taille capables d'imposer une discipline et une direction à cette innombrable armée de volontaires tiraillant à la débandade. Aussi ne manque-t-il pas, dans cette cohue bariolée et jacassière, de vénérables Gaddi pour s'apitoyer sur la misère des temps et pour déclarer que tout est perdu. De leur côté, les Alberts, prompts à se consoler des déchéances de l'idéal par les jouissances de la réalité, sont plus nombreux encore, et, en vérité, les dames de Paris, aussi habiles que les dames de Florence à varier leurs ajustements, semblent donner raison à leur facile optimisme. Ne peut-on pas, à toutes les époques, saisir une relation flagrante entre la façon dont s'habillent les femmes et la façon dont les peintres, leurs admirateurs naturels et facilement séduits, comprennent les jeux de la couleur ? L'ampleur calme et chaude des larges corsages pourprés chez Giorgione et chez Titien, le ruissellement chatoyant des lourdes jupes de brocart chez Véronèse, les magnifiques éclats des velours somptueux chez Rubens, la distinction des habillements sombres chez Van Dyck, leur gravité paisible et bourgeoise chez Rembrandt, le frétillement des satins et le papillotage des fanfreluches chez Nattier et chez Fragonard, la raideur froide des fourreaux décolletés chez David et chez Ingres, ne sont-ce pas le reflet des modes et des mœurs contemporaines ? De même entre le bariolage subtile ment combiné des étoffes à tons rompus qui forme aujourd'hui l'agrément le plus vif des toilettes féminines et le bariolage souvent délicat des colorations atténuées où se plaisent aujourd'hui la plupart des peintres, il existe certaines parentés qui n'échappent point à un œil exercé ; on pourrait même, en poussant la comparaison plus loin, constater, non sans vraisemblance, que si, de part et d'autre, le sens des couleurs s'affine et se subtilise, il n'en est pas de même du sens des formes, qui s'affaiblit de jour en jour, et reconnaître que des deux côtés il y a, en général, plus d'apparence que de fonds, plus d'agitation que d'équilibre, plus de nerfs que de muscles, plus de fard que de sang, plus d'éclat que de santé, plus de bavardage que d'imagination, plus de piquant que d'intelligence. On prouverait aussi peut-être que, sous l'éclat tapageur de leurs ajustements, les peintres parisiens comme les dames parisiennes dissimulent mal les ravages croissants de l'anémie et de la chlorose ; mais ce serait attacher trop de prix à une boutade d'artiste, qui, sous sa forme paradoxale, a pourtant un mérite, celui de rappeler aux pessimistes et aux désespérés que l'art peut toujours se renouveler, tant que les vivants et les vivantes en gardent le goût, même dans un intérêt superficiel de coquetterie personnelle !

Non, à la fin du XIXe siècle, pas plus qu'à la fin du XIVe, pas plus qu'à la fin du XVIe, la peinture n'est perdue parce que l'activité des artistes, lassée des formules, se manifeste en désordre avec des affectations de rébellion et d'indépendance. Que sortira-t-il du pêle-mêle actuel ? C'est ce que personne de nous ne peut dire. On distingue, au Salon de 1888, comme dans les derniers Salons, une quantité d'éléments en ébullition. Sortira-t-il de ce creuset, dans un temps prochain, un amalgame solide et résistant ? Tout n'est pas vain assurément dans ces tentatives curieuses que font les jeunes gens, soit pour analyser, avec une hardiesse étrange, les phénomènes atmosphériques, soit pour chercher dans le mouvement des corps sous la lumière une poésie autre que celle qui suffisait à Titien et Rembrandt. L'amour de la nature nous possède et nous exalte vraiment comme il possédait et exaltait les hommes de la renaissance. Parmi les peintures trop nombreuses qui tapissent les salles du Palais de l'Industrie, s'il en est de gâchées, s'il en est d'inutiles, s'il en est d'impertinentes, il n'en est presque aucune qui n'exhale, dans une mesure plus ou moins grande, une admiration sincère pour les choses visibles, un respect élevé ou tendre pour la beauté et la force des êtres réels, un enthousiasme naïf ou raffiné pour les splendeurs de la vie. Par ce temps de subtilités mélancoliques et de prostrations pessimistes, les peintres nous rendent le service de rester de grands enfants, et beaucoup d'entre eux gardent, comme les enfants, des âmes saines et simples où retentissent, avec une joie salubre, les échos multipliés des sensations naturelles. C'est ce que les femmes comprennent à merveille, la plus raffinée ou la plus corrompue d'entre elles conservant toujours dans quelque repli du cœur l'instinct qui fait les épouses et les mères, l'instinct de la simplicité et de la vie ; c'est pourquoi elles font si grande fête aux peintres et c'est pourquoi elles ne veulent point désespérer d'eux. Que faudrait-il donc à la plupart de ces peintres si bien doués pour aboutir plus souvent qu'ils ne font, et pour déterminer, par quelques chefs-d'œuvre imposants, des groupements décisifs dans cette bande ahurie ? Ce qui manque le plus à tout le monde de notre temps : la suite dans les idées, la volonté. Dans l'art comme dans le monde, un homme ne vaut et ne réussit que par le caractère ; ici comme là, l'opiniâtreté dans la recherche, la constance dans la conviction, mènent quelquefois au but plus vite et plus sûrement que la richesse du tempérament et que la souplesse du talent. Nous ne tarderons pas à en trouver les preuves.

I

Le goût du public et, par conséquent, celui des peintres, s'éloigne de plus en plus, on le sait, des sujets d'imagination pour s'en tenir aux sujets réels. L'affaiblissement des traditions religieuses et l'abaissement des études philosophiques, la décadence de la culture classique, le développement des curiosités matérielles, l'extension de la presse cancanière et du roman à scandales, les exigences croissantes de la lutte pour la vie, la suppression presque absolue dans la plupart des existences du loisir et de la méditation, sont autant de causes qui arrêtent le développement des facultés imaginatives chez les producteurs comme chez les amateurs. Il n'en est pas moins vrai que c'est toujours l'imagination, c'est-à-dire la force personnelle d'interprétation et de transformation qui marque le rang de l'artiste, même le plus soumis en apparence à la réalité. Le paradoxe de l'artiste-machine reproduisant, avec une impartialité mécanique, le spectacle incohérent des choses, apparaît de plus en plus comme une sottise formidable, à mesure qu'on peut mieux compter le nombre de ses victimes. Résultat bien fâcheux à constater pour ceux qui font de l'ignorance une condition du génie, et de l'irréflexion une condition de la sincérité, mais fait qui saute aux yeux, fait patent, fait irréfutable ! Dans les genres les plus positifs, dans le portrait, dans le paysage, dans la scène de mœurs contemporaines, les chefs et les maîtres restent toujours, malgré tout, ceux qui font preuve de la vision la plus personnelle, ceux qui imposent le plus puissamment à la réalité la domination de leur imagination particulière, ceux qui expriment d'autant mieux certaines qualités de la nature et de la vie qu'ils insistent sur ces qualités avec l'exagération de leur propre passion.

I. LA PEINTURE.

De tous les genres de peinture, le portrait, si essentiellement objectif, semblerait être celui qui exige du peintre le moins d'imagination. Cependant, il n'en est rien. C'est même dans le portrait que les plus grands peintres ont toujours déployé le plus librement leur science d'interprétation. Il semble que ce contact direct avec une physionomie humaine, ce commerce prolongé d'âme à âme, surtout lorsqu'il s'agit d'une personne aimée, surexcite d'une façon particulière leurs facultés d'exécutants. Titien ne se montre jamais plus Titien, Rubens plus Rubens, Rembrandt plus Rembrandt, que lorsque, dans cette lutte serrée avec la réalité, ils se prennent peut-être à douter de la vigueur de leur génie et font un appel suprême à toutes les ressources de leur pinceau. Jamais nos vaillants contemporains, MM. Ronnat et Carolus-Duran, n'ont été plus Bonnat ni plus Carolus-Duran que dans les beaux portraits qu'ils exposent cette année.

Son Éminence le cardinal Lavigerie, par M. Bonnat, est assis, de face, en pied, dans un fauteuil, la plume à la main, près de sa table de travail. Mains vigoureuses, corps robuste, attitude ferme, physionomie à la fois vénérable et séduisante, affable et dominatrice, un air de soldat au repos avec les yeux perçants du diplomate et le prudent sourire de la gravité orientale errant dans sa grande barbe blanche, c'est une figure inoubliable. M. Bonnat, avec la résolution parfois brutale qu'on lui connaît, n'a pas manqué d'en accentuer l'imposante virilité. Le prélat porte une soutane noire, mais le velours de sa calotte est rouge, la moire de sa ceinture est rouge, et de larges bandes en drap rouge bordent son manteau. Tous ces rouges juxtaposés, sans ménagements, sur un fond sombre, autour du visage éclairé, étonnent d'abord les yeux amollis par les pâleurs fades de presque toutes les toiles environnantes ; toutefois, on se fait vite à ces accents violents de fanfare dont l'harmonie éclatante et mâle s'associe si bien à la vigueur sculpturale du dessin pour déterminer cette image de prêtre conquérant. Le *Portrait de M. Jules Ferry*, sans faire tant de tapage, est au moins aussi bien réussi. Ce n'est qu'une tête de face, toute en accents bruns et noirâtres, mais une tête vivante et parlante, brossée à fleur de toile avec un entrain rare. Tous les traits caractéristiques de la physionomie si connue de M. Jules Ferry, l'irrégularité du masque, l'inégalité des yeux, le gonflement des paupières, la plissure des lèvres, y sont marqués avec une mâle franchise qui donne à cette puissante improvisation une valeur historique en même temps qu'une valeur pittoresque vraiment exceptionnelles.

En représentant M. Jules Ferry et le cardinal Lavigerie, hommes d'énergie et de volonté, M. Bonnat, peintre d'énergie et de volonté, faisait une besogne conforme à son tempérament ; c'est pourquoi il y a réussi. Dans la vie des portraitistes de profession, il y a des associations heureuses comme il y a des rencontres fâcheuses ou des unions indifférentes. La célébrité ou la richesse de leurs clients de hasard ne suffisent pas toujours à exalter en eux cette ardeur sympathique qui se traduit par l'intensité de la pénétration et la chaleur de l'interprétation. Quelle que soit leur habileté ou leur conscience, ce ne sont pas leurs portraits les mieux rétribués qui d'ordinaire sont leurs chefs-d'œuvre ; leurs amis, leurs protecteurs, leurs maîtresses, leurs femmes, leurs enfants ont toujours chance d'être mieux servis, c'est pour eux que leur pinceau travaille le mieux, parce qu'il travaille sans gêne, sans servilité, sans condescendance, sans autre souci que d'immortaliser une image aimée et connue. Le *Balthasar Castiglione* de Raphaël, le *Bourgmestre Six* de Rembrandt, la Femme et les enfants d'Holbein, les Fils de Rubens, restent, entre mille autres, des exemples justement fameux de ces inspirations intimes. M. Carolus-Duran, comme M. Bonnat, a eu, cette année, deux de ces bonnes fortunes en représentant sa fille et un de ses amis, un des doyens de la peinture française, que son âge rendrait vénérable si sa santé et sa bonne humeur ne se refusaient obstinément à cet hommage, M. Français. Le *Portrait de M. Français*) un simple buste, comme celui de M. Jules Ferry, presque à l'état d'ébauche, aura les mêmes titres à prendre place dans un musée national. La virtuosité de l'improvisateur y éclate plus vivement encore, avec des allures particulières de joie triomphante. L'armature osseuse est moins solide, les dessous sont moins accusés que chez M. Bonnat, mais le visage épanoui d'un paysagiste doit-il ressembler au visage fatigué d'un homme d'état ? Si le dedans est moins compliqué, combien le dehors est plus calme, plus simple, plus communicatif ! Vigueur du corps, clarté de l'esprit, calme du cœur, toutes les santés respirent dans ce visage ouvert, aux belles chairs fraîches, aux lèvres roses souriant dans le désordre de la barbe argentée, aux yeux fins d'un bleu tendre. L'aimable patriarche est coiffé d'un béret de velours noir dont l'ombre douce mêle délicieusement une note un peu plus grave dans cette harmonie d'argent, de rose et d'azur. On ne peut comparer ce savant impromptu qu'à quelques morceaux de Rubens ; même saveur, même brio, même vibration harmonique, avec une transposition de majeur en mineur, de rouge en rose, d'or en argent. Le *Portrait de ma fille* est une œuvre plus achevée et plus importante. Le père n'a pas moins bien réussi que l'ami. On connaît, depuis longtemps, l'habileté de M. Carolus-Duran à étaler des étoffes voyantes, à faire chanter, en de splendides accords, les miroitements des soieries, les matités des lainages, les chatoiements des velours ; c'est même par ce beau luxe des vêtements qu'il a transfiguré plus d'une fois l'insignifiance de ses modèles mondains. Il va sans dire que, sur ce chapitre, il s'est mis en frais pour sa fille. Celle-ci est une belle et élégante personne, assise, les cheveux flottants, les mains croisées, dans une attitude modeste qu'on rencontre rarement au Salon, où la plupart des femmes portraiturées, même les demoiselles de bon ton, affectent des allures singulièrement cavalières et impertinentes. Sa casaque de velours violet à doublure rouge, sa jupe de soie violette à revers orangés, sa robe courte de reps gris tendre, accompagnées d'un fonds de tenture en peluche d'or, font retentir, autour du fin visage un peu ambré et des délicates mains blanches, un concert de colorations éclatantes et douces qui eussent ravi Nicolas Maes et Largillière. Tout cela, cette fois, accordé, maîtrisé, tempéré, comme il convient, avec l'autorité d'un artiste mûr et accompli, au profit de la tête jeune et gracieuse dont toutes ces fraîcheurs brillantes semblent refléter la jeunesse et la grâce. M. Carolus-Duran ne nous donne donc pas cette année seulement une fête des yeux ; il nous donne encore une fête de l'esprit, il se classe, parmi les portraitistes, à un rang supérieur. Son succès et celui de M. Bonnat sont également encourageants et moraux, car ce sont les succès du travail, de la persistance, de la conviction ; et ce sont aussi les succès de la peinture saine et robuste, grasse et ferme, riche et réjouissante, de la peinture telle que l'ont comprise toutes les écoles bien portantes, telle que la comprenaient nos maîtres de 1830, Géricault, Delacroix, Decamps, Troyon, lorsqu'ils se sont battus pour elle contre les héros secs et vides sortis de l'atelier de David. Aujourd'hui que nous courons des dangers bien pires, puisque nous n'aurions même plus la correction du dessin pour nous consoler de la disparition de la couleur, aujourd'hui que presque tous les brosseurs de toiles, décorateurs, impressionnistes, modernistes, laissent évanouir à qui mieux mieux, sous prétexte de distinction, la substance picturale dans des brumes effacées d'une subtilité fuyante, il faut savoir bon gré à ceux qui restent sains dans ce milieu maladif, il faut remercier ceux qui regardent la nature avec franchise et l'analysent avec fermeté, ceux qui crient à haute voix, fût-ce à propos d'un simple portrait : « L'art c'est la vie, c'est la santé, c'est la force, c'est la joie. Nous, les peintres, nous avons été, nous sommes, nous serons ses prophètes ! »

Sans doute, ces procédés francs et rapides, parfois brutaux, à la flamande ou à l'espagnole, de MM. Carolus-Duran et Bonnat, ne seraient pas applicables à toute espèce de portraits, et l'on doit concevoir, à côté de la leur, des manières plus tendres et plus délicates d'exprimer la physionomie humaine. Rubens n'exclut pas Van Dyck, Rembrandt ne supprime pas Ter Borch ; au contraire, on peut dire qu'ils les font valoir et qu'ils les rendent nécessaires. En effet, les praticiens de génie sont les plus sujets à des emportements de palette, qui, dans certains moments, leur troublent la vue, tandis que les paisibles ouvriers, moins passionnés et plus discrets, perdant moins facilement leur sang-froid, produisent des œuvres d'un mérite plus égal et d'une ressemblance moins intermittente. Quand Rubens ou Rembrandt traduisent avec exactitude une physionomie, ils la rendent comme personne ; mais quand ils l'interprètent avec inexactitude, leur infidélité est d'autant plus énorme que leur force de création est plus grande. Il ne serait pas difficile de citer aujourd'hui des artistes de haute valeur avec lesquels le modèle se trouve exposé à de semblables chances ; si l'on est toujours sûr de sortir de leurs mains à l'état de belle œuvre d'art, on n'est pas toujours certain d'être dorénavant reconnu par ses amis. Chez M. Henner, par exemple, le procédé a pris une telle importance, que tous les objets auxquels il l'applique, hommes et choses, en sont fatalement métamorphosés. Après avoir reçu de la nature une impression très vive et très juste, celle de la valeur des nus éclatants sur des fonds assombris, ce maître, vivant sans cesse sous cette même impression, ne cherche plus, ne trouve plus qu'elle en tous lieux ; désormais, cette impression sans cesse grossissante atténue et supprime toutes les autres, même celle des formes exactes, même celle des colorations nuancées. Ses portraits, comme ses figures, qui ne sont au fond que des portraits de corps nus, prennent de plus en plus un caractère de visions d'autant plus saisissantes, que la sincérité du visionnaire est plus grande. Dans quelle mesure ce buste reluisant de bel ivoire, projetant sa gorge blanche entre une chevelure d'un roux brûlant et un manteau d'un bleu voluptueux, est-il le portrait d'une femme réelle ? Ceux qui connaissent la dame le peuvent dire ; mais, peu ou prou, il y a certainement transfiguration. L'imagination accoutumée, comme le cerveau du buveur, à un certain ordre de jouissances visuelles, les exige de plus en plus âpres et exclusives. Cette tyrannie de l'ivresse pittoresque qu'ont subie presque tous les coloristes, apparaît mieux encore dans l'étude saisissante, en noir et blanc, que M. Henner appelle *Saint Sébastien*. Saint Sébastien ? Pourquoi ? On aperçoit bien quelques flèches, sur le devant, auprès de ce pâle adolescent, assis dans une nuit indéfinissable où deux ombres de religieuses, le profil perdu sous leurs grandes coiffes, dégagent à peine leurs silhouettes noires des noirceurs environnantes ; mais aucune de ces flèches n'a ensanglanté ce corps gracieux qui tenait à garder sa blancheur mate. Ce n'est point la légende qui a préoccupé le peintre, ni la vraisemblance des expressions, ni même la vérité plastique. Il a seulement cherché, il a trouvé, il nous communique cette sensation mystérieuse et douce que donne fatalement aux yeux attirés et inquiets le lent évanouissement des clartés dans les ombres, des formes réelles dans les confusions du rêve. Il faut croire que cette sensation mélancolique est bien humaine, puisque les plus grands artistes de tous les temps y ont puisé leurs plus délicieuses inspirations. Si M. Henner est un visionnaire, Léonard de Vinci, Rembrandt, Prudhon, ne l'ont-ils pas été avant lui et de même sorte ? Cet état n'aurait de danger que si M. Henner ne reprenait plus pied, de temps à autre, dans la réalité.

Un artiste célèbre, qui a l'habitude aussi d'imposer très fortement son individualité à ses modèles, M. Hébert, n'expose pas de portrait cette année. En revanche, il a résumé dans une superbe figure d'expression tout ce que ses études antérieures lui ont appris sur le corps et sur le visage féminins, tout ce que ses réflexions mélancoliques et bienveillantes lui ont enseigné sur les tristesses de l'existence. *Aux héros sans gloire*, tel est le titre de cette toile où nous attirent aussi différents mystères, mystère du lieu, mystère de l'attitude, mystère du visage. Ici pourtant, le vague n'est qu'apparent. A mesure qu'on fixe la toile, tout s'y montre nuancé et précis, comme au fond d'un bassin endormi où le regard pénètre insensiblement. Qu'elle est noble, qu'elle est grave et compatissante, cette fière Muse accoudée, dans la profondeur des bois fanés, sur le cénotaphe en marbre où dorment les héros méconnus, cette Muse du crépuscule, souffrante et lassée, qui sent sa beauté se perdre en même temps que ses illusions sur la justice du monde ! Avec quelle sincérité d'artiste M. Hébert a su indiquer, dans les formes, dans les carnations, dans les traits, dans l'expression de cette rêveuse attardée, tous les affaissements, toutes les flétrissures qu'amène la maturité de l'âge et de l'âme, avec quelle puissance de poète il a su envelopper et ennoblir toutes ces misères par la grandeur de l'attitude, le naturel de l'expression, la consolation douce et chaude des lueurs tendres se glissant au travers des branchages silencieux ! Pour exécuter cette noble figure, l'auteur de la *Mal'aria* a même répudié tous ses alanguissements d'autrefois. Son pinceau s'est affermi en même temps que sa conception. La maîtrise du praticien est venue servir à point la sérénité du penseur.

Une des qualités que développe chez un artiste sincère l'exercice sérieux du portrait, c'est la science de tirer d'une figure humaine tout ce qu'il est possible d'en tirer au point de vue de l'ex pression et du rendu. Aussi, presque tous les ans, les meilleures figures, nues ou costumées, sont-elles dues à des portraitistes. J'entends par meilleures, non pas celles qui attirent le plus vite par une certaine fraîcheur de coloris, une certaine désinvolture d'exécution qu'on confond volontiers aujourd'hui avec le talent, mais celles qui supportent le mieux l'examen d'un regard attentif et ne vous laissent pas, à une seconde visite, le sentiment amer d'une illusion perdue. Telle est, par exemple, l'*Esclave à vendre*, de M. Boulanger, trop parisienne, il est vrai, et trop savonnée, mais qui déroule, avec une grâce délicate, le long d'une baraque en planches, les souples beautés de son corps virginal. Telle est l'*Orpheline*, de M. Jules Lefebvre, fillette malingre, toute craintive et ramassée sur un banc d'église, derrière la vieille aïeule en prières. M. Jules

Lefebvre a traité ce sujet banal, qui prête aux trivialités réalistes ou sentimentales, avec la gravité simple d'un peintre d'histoire ; les deux têtes, fortement expressives, malgré la sobriété de la peinture, y dominent tous les accessoires, comme dans les bons portraits. L'habitude d'analyser souvent et avec précision des visages compliqués donne à MM. Boulanger et Lefebvre un sentiment vif et un respect de la réalité qui se retrouvent toujours à quelques degrés dans leurs autres ouvrages. Si M. Bouguereau, qui a fait quelques bons portraits, en avait fait un plus grand nombre, peut-être ne serait-il pas exposé à ce reproche que sont obligés de lui faire ses plus sincères admirateurs, à savoir que ses figures sont trop peu caractérisées, qu'elles n'ont que peu ou point de type individuel, qu'elles ne font pas preuve, par conséquent, d'une existence certaine et d'une vie assurée. Dans la Baigneuse et le *Premier Deuil*, on peut admirer toutes les qualités scolaires, facilité d'arrangement, dextérité d'exécution, sûreté de facture, qui étonnent toujours chez ce maître habile. Il est sûr qu'Ingres peinait beaucoup plus à faire et refaire une figure académique, et que Delacroix se tourmentait davantage pour mettre en scène un drame religieux, il est incontestable qu'on sent dans leurs œuvres plus d'effort, plus d'inquiétude, plus de trouble ; mais la postérité ne les a-t-elle pas bien payés de leurs souffrances ?

On trouve, parmi les jeunes portraitistes, nombre de braves garçons qui ne tiennent pas à être si sages. La plupart, sur les indications de Bastien-Lepage ou de M. Fantin-Latour, s'efforcent, soit de saisir la physionomie humaine par ce côté incisif et naïf qu'analysaient si finement les vieux Flamands et les vieux Français, soit de la vivifier et de la poétiser, dans sa simplicité, par l'action délicate d'une lumière choisie ou par le voisinage expressif des accessoires familiers. Le danger que courent les premiers, c'est de sacrifier les qualités solides de la peinture à des apparences de finesse qui ne supportent pas le moindre agrandissement : Hemling et surtout les Glouet ont apporté, dans leurs images exquises, des procédés de miniaturistes dont il faut, se défier ; chez leurs imitateurs, la pâte s'amincit, la peinture se creuse, les reliefs s'affaissent, le modelé se borne à, des indications légères sur les surfaces plates. On a vu, quand Bastien-Lepage a voulu s'étendre, quel sentiment de vide et de creux donnait ce procédé à peine bon pour de petites figures ;

encore Bastien-Lepage avait-il senti vite le péril et songeait-il à s'en garer. Le danger que courent les seconds, c'est de perdre les mêmes qualités par des raisons contraires, par l'éparpillement excessif des éclairages et par l'évanouissement des formes sous la morsure des lumières. Il n'en reste pas moins vrai que plusieurs de leurs tentatives sont curieuses et intéressantes. M. Paul Leroy, l'un des derniers prix du Salon, a fait un *Portrait de son pire* qui offre quelques parties excellentes. La tête, douce, affable, vivante, est brossée avec une vivacité ferme et précise dans une pâte un peu coulante, mais d'une fraîcheur délicate et d'une solidité suffisante. Les mains, sérieusement modelées, les vêtements noirs, savamment assouplis, sont aussi l'œuvre d'un praticien habile. Pourquoi M. Paul Leroy, victime de la mode naturaliste qui refuse à l'artiste le droit de réfléchir et de simplifier, a-t-il eu la malencontreuse idée de placer derrière son père une cheminée encombrée de bibelots et un fond d'appartement dont les lignes aussi discordantes que les colorations troublent les lignes et les colorations de la figure, éparpillent l'attention et compromettent gravement l'intérêt principal du tableau ? M. Friant, un miniaturiste délicat, dont les premiers essais ont été justement remarqués, est en train de se perdre, s'il ne reprend au plus tôt possession de lui-même et ne résiste mieux à l'envahissement du détail inutile. Son petit *Portrait de Mme P..*, une Parisienne de physionomie intelligente et délicate, d'allure distinguée, un peu fatiguée, assise dans son salon, près de son piano, pousse la recherche de la finesse jusqu'à l'extrême minutie ; un pas de plus, on tombe dans toutes les sécheresses de la photographie peinte. Le pis est que cette figurine, déjà mince et sèche, disparait presque complètement sous l'amoncellement de tous les meubles et bibelots qui encombrent son salon trop petit. Dans une toile plus importante, les *Canotiers de la Manche*, M. Friant a appliqué la même subtilité d'analyse à une collection de figures, de grandeur naturelle, assises en plein air autour d'une table. Le fond ici est mieux simplifié, les physionomies joyeuses de tous ces canotiers et canotières sont déterminées avec une précision singulière, mais le défaut du système y éclate en plein. Ce tableau, plein de qualités remarquables, se fait à peine regarder, parce qu'en réalité il manque de la qualité fondamentale, un arrangement bien équilibré, un effet d'ensemble net et expressif. Toutes ces figures minces, sans relief, sans épaisseur, plaquées les unes sur les autres comme des feuilles transparentes, s'évaporent dans l'indifférence de la lumière éparpillée. Si c'est là que doit conduire la théorie du plein air, il est grand temps d'aviser. Que devient la peinture encore dans le tableau où M. Brouillet a repris, à la façon naturaliste, ce sujet de l'*Amour aux champs*, que Bastien-Lepage, dans les mêmes dimensions, avait traité à la façon sentimentale ? Formes et couleurs, tout est mangé par la lumière environnante, qui n'est même pas une lumière des champs, mais une lumière d'atelier. En réalité, on en revient, par d'autres chemins, à la peinture creuse et vide, à la peinture jaune et fade de la mauvaise école de la restauration. Notez que M. Brouillet, comme M. Friant, est un dessinateur attentif, curieux, délicat, comme le montre son *Portrait de Mlle Darlaud* ; c'est pour cela que leur sort nous intéresse. Comme une bonne tournée chez des maîtres sains, vigoureux, résolus, de belle humeur, leur ferait du bien, à eux et à bien d'autres ! Titien, Rubens, Hals, Velasquez, venez à notre secours ! La peinture se meurt, la peinture va mourir.

Parmi les portraits un peu trop chargés d'accessoires, on a remarqué, comme l'un des mieux réussis, celui d'*Un Graveur* penché sur sa plaque et travaillant sous un châssis, par M. Mathey. La tête, en effet, est excellente, mais toute la partie inférieure du corps est beaucoup trop négligée ; là aussi quelque simplification n'eût pas nui. M. Aviat a été plus réservé en montrant *M. Roll* sa palette à la main, et cette réserve lui a porté bonheur. Un grand nombre de portraits à l'allure plus simple témoignent de recherches non moins heureuses. Il y a quelque part une jeune femme à mi-corps, en corsage rouge, un peu perdue dans la brume, avec certaines notes d'une distinction charmante, par M. A. Berton, des masques bourgeois, opiniâtrement fouillés par M. Maurin, dans la manière tranchante et sèche de ce pauvre Gaillard, de singuliers trompe-l'œil de visages minutieusement ridés, à la Denner, par M. Crochepierre. Chacun cherche son idéal où son tempérament le pousse. Il n'y a rien à dire de nouveau sur les œuvres d'un certain nombre d'artistes plus connus et dont on connaît déjà la manière, MM. Courtois, Morot, Paul Ferrier, Cormon, Giron, Giacomotti, Desboutin, Edouard Fournier, ont envoyé au Salon des ouvrages intéressants dans lesquels on retrouve leurs qualités ordinaires. Les dames et demoiselles ne sont pas les moins habiles dans cet art du portrait, qui convient si bien à leurs habitudes d'analyse et de pénétration. Il est même parmi elles beaucoup de femmes qui sont hommes pour la précision de l'observation et pour la franchise de l'exécution ; les portraits exposés par Mmes Guyon, Bilinska, Rœderstein, Mégret, Beaufy-Saurel, Houssay et quelques autres, ne sont pas les moins bien compris ni les moins bien peints du Salon.

II

L'an dernier, nous constations l'influence, salutaire sous certains rapports, pernicieuse sous certains autres, exercée sur toute la peinture moderne par les paysagistes, au nombre desquels on doit ranger les peintres de scènes champêtres. Nos campagnards ne font point mine de renoncer à ce rôle prépondérant. Encouragés par les sympathies publiques, excités par les facilités relatives de leur art et par les agréments d'une existence libre, ils remplissent le Salon de verdures et de fleurs, d'eaux et de ciel, de paysans et de paysannes. C'est tout un petit monde fort actif, bien portant, qui ravit presque toujours par un air de bonhomie et d'honnêteté communicatives. Si la bonne foi devant la nature suffisait pour faire des chefs-d'œuvre, nous les compterions par centaines ; par malheur, il y faut aussi de la réflexion, du choix, de l'étude, de la simplification, de l'ordonnance, toutes choses plus rares ou qu'on dédaigne. Le patriarche juvénile des paysagistes, M. Français, a bien raison de sourire dans sa barbe blanche. Ce n'est pas le tout de se planter, sous un parasol, devant un coin de bois ou un coude de rivière ; il faut encore deviner ce que ce coin de bois ou ce coude de rivière ont à nous dire de particulièrement intéressant, et il faut savoir le leur faire dire en un langage plus clair que leur langage confus par une sélection de traits précis, justes et bien rythmés ; c'est-à-dire qu'il faut être à la fois un observateur, un penseur, un dessinateur, un compositeur, un peintre. Pour devenir un vrai paysagiste, pour entrer dans la famille des Ruysdael, des Hobbema, des Théodore Rousseau, des Corot, il ne suffit pas de contempler avec émotion un de ces magnifiques spectacles forestiers ou maritimes auxquels les plus paisibles bourgeois sont souvent tout aussi sensibles que les poètes les plus raffinés ; une méthode rigoureuse d'analyse et une méthode personnelle de synthèse y sont encore nécessaires. Si l'on ne possède pas cette méthode, on peut, toute sa vie, découper dans la nature des fragments plus ou moins intéressants ; on ne fera ni œuvre qui porte, ni œuvre qui dure.

Ce que vaut la méthode, M. Harpignies le prouve autant que M. Français. C'est par une série d'études approfondies et opiniâtres, d'une précision rude et âpre, que M. Harpignies est parvenu lentement à se mettre en possession d'un remarquable instrument d'analyse. Son *Torrent dans le Var* a toutes les qualités du grand paysage. Le site est désolé, sauvage, attristant, presque affreux. Ce torrent provençal ne roule guère, pour le moment, que des flots de cailloux entre des berges de rochers. Çà et là, dans les crevasses du sol dur et brûlé se tordent, en des poses de martyrs, quelques arbres durs et secs, dont les branchages noueux racontent les misères et la ténacité. Au fond, une longue barrière de montagnes semble encore étreindre dans sa solitude ce coin austère. Pardessus le tout s'épanche tendrement cette lueur tiède et profonde des crépuscules méridionaux, qui endort toutes les inquiétudes et qui console toutes les tristesses dans l'ineffable volupté de son évanouissement harmonieux. Tout est solidement établi, construit, défini, dans ce paysage solide, aussi bien ces roches anguleuses qui percent le mince épiderme du sol comme des ossatures décharnées que ces maigres végétations dont les extravagants profils s'enchevêtrent si étrangement. Pour nous donner une sensation nette du désordre dans la nature, M. Harpignies y a dû mettre un certain ordre, sans lequel nous n'y comprendrions rien. Tout aspect de la nature est si multiple et si compliqué, que c'est peine perdue de vouloir le reproduire intégralement. Le rôle de l'artiste consiste précisément à nous servir de guide en nous dirigeant dans ce dédale. C'est en quoi excellait Théodore Rousseau, qui souvent, même dans ses petites toiles, parvint à débrouiller l'indébrouillable, à dérouler, dans un espace microscopique, des panoramas d'une complication infinie ou à faire pénétrer les yeux sans difficulté dans le fouillis en apparence inextricable des forêts les plus touffues. Plus le site est luxuriant, plus le paysagiste doit prendre soin d'écarter les broussailles parasites et les incidents inutiles ; plus l'endroit où il nous entraîne est sauvage et obscur, plus nous désirons être rassurés par son sang-froid et sa décision. On n'aime pas à se sentir égaré dans une peinture plus que dans la campagne. C'est pourquoi tout paysage mal ajusté dans son cadre, sans commencement ni fin, où l'artiste semble n'avoir su ni limiter ni approfondir sa sensation, nous laisse une impression de malaise. Au contraire, quelle impression de contentement ressort d'une affirmation nette et d'un tableau bien établi, où la volonté et la réflexion de l'auteur se sentent à chaque trait ! Il nous est arrivé souvent de nous demander pourquoi un grand nombre de paysages contemporains, exhalant une bonne odeur de réalité, empreints d'un sentiment très vif des charmes de la végétation et de la lumière, étudiés et analysés avec un soin scrupuleux, comme ceux, par exemple, de MM. Pelouze, Damoye, Dameron, Sauzay, Dutzchold, Bonnefoy, etc., ne nous communiquaient pas toujours une émotion durable en rapport avec le talent qu'on y constate. Ne serait-ce point uniquement parce que, dans ces études scrupuleuses, manque, plus ou moins, cette résolution personnelle qui concentre l'effet sur un point en supprimant ou en simplifiant tout ce qui dans la réalité le complique et l'affaiblit ? Au contraire, Voyez comme l'accentuation de cette résolution, à science égale, donne à chaque œuvre toute sa saveur et toute sa portée. C'est là, nous l'avouons, le système classique, le vieux jeu, comme on dit ; mais ce vieux jeu reposant sur l'expérience et ayant fait ses preuves depuis Hobbema jusqu'à Millet, il est probable que c'est le bon. Je n'en veux pour preuve que la bonne tenue gardée, même à leur déclin, même en leur vieillesse, au milieu de nos impressionnistes affolés, par les sérieux travailleurs de l'ancienne génération. Sans parler de MM. Lavieille, Curzon, Benouville, Bellel, Guillon, dont les œuvres, doucement et sincèrement pénétrantes dans leur harmonie savante et discrète, prouvent toujours la force de l'enseignement classique, n'est-il pas consolant de retrouver sur la brèche des vétérans, longtemps oubliés ou méprisés, comme MM. Cabat et Paul Flandrin, dont les petites études peuvent encore en apprendre à plus d'un jeune, soit pour la ferme chaleur des colorations, soit pour la belle distribution de la lumière ?

Ce regret une fois exprimé que les paysagistes actuels ne joignent pas assez en général la réflexion à l'observation, qu'ils exagèrent trop souvent les dimensions de leurs cadres, et qu'ils ne comprennent pas toujours la nécessité d'une concentration et d'une simplification, il est juste de reconnaître qu'ils étudient le monde sous toutes ses latitudes, en toutes saisons, dans tous ses accidents, avec une curiosité et une sincérité qui ne sont pas toujours infructueuses. Il y en a vraiment au Palais pour tous les goûts. Ceux qui aiment les verdures grasses, la prairie calme et paisible, avec une population de bons animaux, une chaleur douce et bienfaisante, un agréable repos d'été sous un ciel uni, n'ont qu'à suivre sur les *Bords de l'Isole* M. Bernier, qui, en réduisant ses cadres, donne plus de force à sa sensation. Ceux qui ne détestent point des spectacles plus mouvementés, le pressentiment, la menace, l'explosion ou l'apaisement de l'orage, n'ont qu'à suivre M. Guillemet et M. Yon dans la *Plaine de Cayeux*, M. Delpy sur les bords de la Seine, ou bien à gravir, avec M. Jean Desbrosses, l'un des paysagistes les plus intrépides, les plus audacieux, les plus francs de notre temps, les pentes du *Plateau de Badaillac*, dans le Cantal. Les amoureux du mélancolique automne et du triste hiver s'arrêteront avec plaisir *Sur les bords de la Sauldre* avec M. Lemarié des Landelles, en *Franche-Comté* avec M. Boudot, dans la *Vallée des Ardoisières* avec M. Joubert, à *Vauharlin, un soir d'hiver*, avec M. Binet. Cette dernière peinture, très grave, très simple, est d'une puissance d'impression assez vive. De très beaux couchers de soleil sont dus à M. Rapin, dont le talent délicat et poétique s'affirme avec plus de fermeté qu'autrefois dans son *Soir à Druillat*, et à M. Japy, qui n'avait pas encore composé de tableau si intéressant que son *Crépuscule*, La lune a trouvé ses poètes dans MM. Lepoittevin et Pierre Lagarde. *Une matinée d'octobre à Luc-sur-Mer* a fourni à M. Barillot, l'un de nos animaliers les plus sérieux, l'occasion de faire une œuvre excellente ; ses deux vaches baignées par une lumière fraîche et douce ont une sûreté d'allures, un charme de couleur, une simplicité de vie très remarquables. M. Mesdag reste toujours le roi des mers du Nord ; mais, à côté de ses tableaux puissants et savants, on peut distinguer d'autres bonnes marines faites sur les côtes des Pays-Bas, des Flandres, de Normandie ou de Bretagne, par MM. Auguste Flameng, Tattegrain, Iwill, Berthelon, Berthélemy, etc. La troupe de ceux qui se répandent sur les côtes méridionales n'est pas moins active. Parmi les audacieux paysagistes qui ne redoutent ni les âpres solitudes ni les implacables soleils de Provence, il en est quelques-uns qui surprennent, dans cette nature éclatante et grandiose, mais violente et redoutable, les secrets mystérieux et doux de ses irrésistibles séductions. MM. Moutte, Casile, Décanis, Etienne Martin, Allègre, aiment la « gueuse parfumée » et la comprennent, M. Surand se rencontre à Venise avec M. Ziem, et s'y montre presque aussi brillant. Un bois de pins dans le Bordelais a délicatement inspiré M. Cabrit. Il n'est pas jusqu'au paysage architectural, si cher à nos ancêtres et trop négligé aujourd'hui, qui ne soit brillamment représenté par M. Lansyer dans sa vue de l'*Institut de France*, Claude Lorrain, Canaletto, Joseph Vernet ont montré suffisamment quels effets pittoresques et poétiques on peut tirer de l'alliance des pierres et du soleil, des maçonneries et des verdures, des bâtisses et du ciel. Le paysage n'est pas seulement en plein champ, il se trouve encore à la ville, mais, pour l'y saisir et l'y préciser avec exactitude et grandeur, il faut joindre au sentiment de la couleur le goût de l'archéologie et la science de l'architecture. M. Lansyer, élève de Viollet-Leduc, est presque le seul qui réunisse aujourd'hui les conditions requises et qui pourrait faire une suite de *Monumens français*, comme Vernet fit autrefois une suite des *Ports de France*.

III

Les peintres de mœurs rustiques et populaires sont tous plus ou moins des paysagistes. Leurs qualités et leurs défauts, en général, sont donc les mêmes : d'une part, une sincérité indubitable, une observation ingénieuse, un sentiment poétique souvent assez vif ; d'autre part, une insuffisance fréquente de réflexion ou de science qui les laisse parfois sans défense devant les hasards malheureux de la réalité ou qui leur fait compromettre d'heureuses inspirations par la négligence de la mise en scène, l'infériorité du rendu, la disproportion excessive des cadres avec l'intérêt réel du sujet. Peintres de genre comme paysagistes oublient fréquemment cette vérité si chère aux vieux Hollandais, leurs maîtres éternels, c'est qu'un bon tableau, comme un bon flacon, doit être bien rempli, que le fruit le plus savoureux n'est pas le plus gros, mais le plus sucré. Il en est d'un ouvrage d'art comme d'un livre, il faut qu'il y ait bonne mesure ; les délayages, les remplissages, les boursouflures, les vides y font un déplorable effet. On ne se lassera jamais de regarder un Ostade non plus qu'un Hobbema, un Pieter de Hoogh non plus qu'un Ruysdael, et de notre temps un Millet non plus qu'un Théodore Rousseau, parce que tous ces artistes, riches de sensations, abondants en observations, ont toujours su accumuler, dans un cadre donné, la plus grosse somme de poésie et d'intérêt qu'il pouvait contenir. Parfois même, chez eux, le verre est si plein, qu'il semble prêt à déborder, comme un tercet de Dante, un sonnet de Pétrarque, une fable de La Fontaine, une figure de Meissonier, où le contenu, trop condensé et trop ramassé, a peine à se fixer dans le contenant ; mais qui s'est plaint jamais de ces excès de concision et de ces entassements de richesse ?

Ce n'est pas qu'il soit impossible, assurément, de donner, dans certains cas, à de simples campagnards ou à de modestes bourgeois, des dimensions épiques. Hais, Rembrandt, Van der Helst, l'ont fait, avec le succès qu'on sait, pour leurs compatriotes, en plus d'une occasion ; c'était généralement par de bons motifs, soit pour perpétuer un souvenir scolaire ou civique, soit pour grouper un certain nombre de personnages intéressants. Il n'est guère venu à Brueghel-le-Drôle ni à David Téniers l'idée burlesque de donner la même importance à leurs magots avinés. C'est une question de tact, et, dans les cas d'agrandissement, il est indispensable que l'exécution accentue son caractère de force, de largeur, de liberté, en raison directe de la proportion du cadre. Il nous semble, par exemple, nous l'avons dit, que la façon de peindre de M. Brouillet est trop mince, trop transparente, trop vitreuse pour justifier les dimensions prises par son *Amour aux champs*. De même, M. Fourié, plus résolu pourtant et plus ferme, en menant, sous le soleil, dans sa *Dernière Gerbe*, une ronde joyeuse de paysans normands, ne leur a su donner ni la solidité ni le relief nécessaires dans une aussi vaste composition. Il est bon de fréquenter Hais et Rubens avant d'entreprendre de semblables kermesses. C'est avec ces maîtres robustes qu'a vécu de bonne heure M. Roll (l'une de ses premières œuvres fut une *Fête de Silène* d'une inspiration toute anversoise), c'est dans leur commerce qu'il a appris, non sans luttes et sans peine, à proportionner la vigueur du rendu à la dimension des figures. Jusqu'à présent, ce qui manquait d'ordinaire à ses personnages, c'était une forme nette et solide, cette forte armature intérieure qu'on sent même chez les personnages les plus disloqués, ou les plus chiffonnés de Rubens et de Hais. Les études préparatoires de dessin n'ont pas été, chez l'artiste, en rapport avec ses instincts de force et de grandeur. Depuis quelques années, il a abandonné l'atelier pour les champs, et ce séjour à l'air lui a porté bonheur. Sa palette, encombrée de couleurs sombres, s'est clarifiée et allégée ; ses yeux sont devenus extrêmement sensibles à toutes les délicatesses des colorations en mouvement et à toutes les transparences de l'atmosphère. L'étude qu'il appelle *Manda Lamétrie, fermière*, est un morceau excellent. Cette Manda est une simple villageoise, minois chiffonné, nez retroussé, yeux en vrille, cheveux frisottants sous son petit bonnet, un laideron de l'avenir, mais, dans le présent, une beauté du diable. En déshabillé du matin, corset de coutil gris, chemise de toile, jupon court grisâtre, elle s'avance, de face, sous les arbres du verger, portant de la main droite un seau de fer-blanc rempli du fait que vient de lui donner une bonne vache placée en travers derrière son dos. Cette jeune fermière, clignotant des yeux sous la lumière, avec ses bras maigres et ses mains rouges, est bien toute à sa besogne ; elle est paysanne, elle est simple, elle est naïve, et le peintre l'a vue avec simplicité et naïveté. Cette simplicité est la vraie force de M. Roll ; c'est ce qui le rend supérieur à la plupart de ses confrères. Qu'est-ce qui l'a frappé dans cette scène champêtre ? La fraîcheur de la nature jointe à la fraîcheur de la fille. Pour rendre cette impression, il a donc fait jouer sur le visage, dans la chevelure, sur la chemise, sur le corset, sur le jupon, sur le seau, sur le lait, sur les bras, sur les jambes, toute une série exquise de gris et de blancs d'un ton délicat vraiment matinal et printanier. Voilà bien de la peinture, de l'excellente peinture ! Lorsqu'on a subi ce charme pénétrant, on ne pense point trop à adresser à M. Roll quelques questions indiscrètes, celle, par exemple, de savoir s'il n'y a pas, même à cette heure indécise, quelques ombres portées par les arbres et les figures. En somme, l'effet est produit, un effet vif, charmant, nouveau, peu importe au prix de quels sacrifices ; l'art, en réalité, ne vit que de sacrifices ou d'exagérations, même pour exprimer le naturel et la simplicité. Une autre étude de M. Roll, représentant un petit garçon habillé de velours, en toque noire, monté sur un poney gris pommelé qu'il pousse *au trot*, en criant et en agitant sa cravache, à travers les taillis, a des qualités de peinture moins délicates, mais plus joyeuses et également saines. Combien il est difficile de trouver le juste moule de sa pensée, combien il est malaisé d'être aussi bon ouvrier que bon observateur ! Les longs efforts qu'a faits M. Roll pour arriver à un résultat insuffisant encore peut-être pour son rêve d'artiste nous en sont bien la preuve. Nous en avons une autre preuve dans les efforts que continue à faire M. Lhermitte pour élever chez lui le peintre au niveau du dessinateur. Si M. Lhermitte était un artiste moins sérieux qu'il n'est, moins soucieux de l'insaisissable perfection, il se contenterait sans nul doute du succès très Légitime que le public fait à son *Repos*, et il s'en tiendrait là. La scène, en effet, est charmante et faite pour séduire les yeux qui aiment à la fois la vérité et la grâce. Une jeune, une belle paysanne, d'un type correct et pur, presque classique, comme on en trouve parfois même dans nos campagnes septentrionales, est assise, en plein champ, près d'une meule, donnant le sein à son marmot, la tête un peu tournée, par un mouvement, familier aux paysannes de M. Lhermitte, qui dégage agréablement rattache robuste du cou hâlé. Le nourrisson s'en donne à cœur joie ; il tire tant qu'il peut, en agitant ses jambettes, sur la gorge pleine et fraîche. A côté de la jeune femme, son mari, un jeune et beau paysan, accoudé sur une gerbe, la regarde en souriant. Cette scène de famille est traitée, au point de vue du dessin, avec l'ampleur biblique qu'on admire dans les fusains de l'artiste. On y apprécie notamment les figures de la mère et de l'enfant, très supérieures à celle de l'homme, dont le type semble un peu bellâtre et l'attitude plus banale. Cependant le pinceau de M. Lhermitte ne possède encore ni la même fermeté ni la même liberté que son crayon. Si visible que soit l'effort déjà heureux fait par lui pour réduire ce pointillé sec et minutieux, souvenir du travail du dessinateur, qui fatigue l'œil en détruisant les ensembles colorés, il lui reste encore beaucoup à faire pour acquérir toute la vigueur de touche, toute la franchise d'exécution, qu'exigent la vigueur même de ses contours et la franchise de sa composition.

Le poète des champs le mieux en possession de lui-même, le plus expert à tirer d'un sujet tout le charme qu'il peut contenir, le plus savant à revêtir son impression de la forme exacte et complète qui lui convient, reste encore aujourd'hui M. Jules Breton. Il est convaincu, comme tous les vrais artistes, qu'en peinture ce n'est ni la dimension ni la quantité des œuvres qui comptent, mais uniquement leur perfection ; aussi le voit-on reprendre fréquemment le même sujet, non par pauvreté ni paresse d'imagination, mais par ce besoin naturel de pousser à la perfection une conception personnelle et favorite qui a fait faire tant de répétitions sublimes à tous les grands artistes, depuis Léonard de Vinci jusqu'à Ingres, depuis Rembrandt jusqu'à Millet. L'apparition la plus chère à M. Jules Breton, c'est la paysanne, robuste et saine, qui, sa besogne accomplie, la tête droite sous un faix de javelles, s'en revient, lente et pensive, dans la lueur empourprée du crépuscule, à travers la plaine rafraîchie et déjà silencieuse. Nous l'avons autrefois connue, cette belle moissonneuse ou faneuse, jeune et divine, dressant son buste ferme avec la noblesse d'une choéphore antique ; nous l'avons ensuite revue, plus naïve et plus familière, déjà un peu éprouvée par le hâle des longs étés et par la dureté du travail. Nous la retrouvons, cette année, plus mûre et plus fatiguée, le front déjà plissé, l'œil creusé par les souffrances de la vie, s'avançant, avec une gravité religieuse, dans l'auréole consolatrice du soleil couché. Pourquoi cette incarnation nouvelle d'une image si connue nous paraît-elle supérieure, pourquoi est-elle supérieure à ses aînées ? Précisément par toutes sortes de raisons spéciales et techniques qui enchantent l'œil et qu'il est difficile à la plume d'expliquer, par l'exquise disposition des ombres et des lumières, par la délicate vibration des colorations rompues et par leur association harmonieuse, par cette présence constante, à chaque touche, à chaque détail, de l'âme du peintre, qui s'est répandue partout avec la même science, avec la même conscience, avec la même précision. La précision dans la simplicité, tout est là en réalité pour les peintres comme pour les poètes ; combien peu, même dans leur maturité, atteignent ce fuyant idéal !

L'Étoile du berger est un régal d'amateurs. Les *Jeunes filles se rendant à la procession* sont un régal public. Imaginez-vous, dans un site montagneux, sur un plateau tapissé d'herbes drues et de fleurs vivaces, dans la lumière déjà lourde d'un matin d'été qui rougit au loin les terrains chauds d'une campagne volcanique, une bande joyeuse de jeunes villageoises en blanc se hâtant pour arriver à la fête. Devant ces grandes filles, longues, poussées en graine, aux visages bruns et roses, avec des airs de santé réjouissans, avec toutes sortes d'ardeurs chastes et naïves dans leurs yeux noirs d'Auvergnates, avec des mains un peu fortes, comme il sied à de bonnes travailleuses, péniblement emprisonnées dans les gants blancs, chemine une petite fillette, une blondine toute fraîche, habillée de chiffons roses, et portant, suspendue à son cou, par un ruban rose, sa corbeille remplie de roses effeuillées pour joncher la route devant le saint cortège. Le doux papillotage de ces tons roses, se mêlant au frémissement de tous les tons blancs des robes et des voiles de mousseline sous une lumière délicate et caressante, est combiné avec une science délicieuse. Quant aux physionomies de ces jolies campagnardes, elles sont cherchées, étudiées, précisées avec le même soin que leurs toilettes neuves, et si nous reconnaissons dans une ou deux des types déjà entrevus, nous admirons aussi chez quelques autres des visages candides, ouverts et simples, d'une réalité vive et charmante, que M. Breton ne nous avait pas encore présentés.

Quand on parle de M. Jules Breton, il faut parler de sa famille. Les Breton forment une corporation comme en formaient autrefois les Van Loo, les Coypel, les Le Nain et tous ces innombrables groupes de bons ouvriers se repassant de père en fils leurs procédés et leurs esquisses, qui donnent aujourd'hui tant de mal aux historiens et aux critiques pour débrouiller leurs biographies et distinguer leurs ouvrages. C'était un spectacle touchant que ces vieilles familles d'artistes presque tout entières consacrées au même art ; il est regrettable, pour plus d'un motif, que les éparpillements de la vie moderne n'en laissent plus guère subsister. Quoi qu'il en soit, les Breton, bons Flamands, gardent les saines traditions de leur race. La fille de M. Jules Breton, Mme Virginie Demont-Breton, en traitant des sujets familiers, cherche à se distinguer de son père par une recherche toute virile de la correction et du style classique dans ses petits corps nus d'enfants qu'elle fait gambader et gesticuler avec grâce. Son talent studieux ne perd rien à se renfermer dans de moins vastes cadres. Ses *Jumeaux* et son *Bain* compteront parmi ses bons ouvrages. Quant à son mari, M. Demont, s'il fait aussi des figurines, ce n'est que pour meubler ses paysages, car il est essentiellement paysagiste. Il nous paraît même, avec M. Desbrosses, dans un tout autre genre, un des paysagistes les plus chercheurs et les plus innovateurs de notre temps. Seulement, tandis que M. Desbrosses explore les montagnes, lui se tient dans la plaine, où il se contente de découvrir, avec la pénétration de l'œil exercé, des nouveautés fréquentes dans des spectacles quotidiens, l'inattendu dans le banal, l'inconnu dans le connu. Ce que M. Demont tient de son beau-père, c'est la patience, la ténacité, la sagacité qu'il met à extraire de son sujet tout ce qu'il contient ; ses tableaux peuvent surprendre quelquefois par l'étrangeté du motif, mais ils disent toujours quelque chose, le disent sérieusement, et, généralement, le disent bien. Son *Champ d'œillettes* en fleurs, avec son bariolage frais, vif, réjouissant, est une de ces explorations hardies qu'un peintre peut faire en voyageant dans son jardin, mais que de très habiles hésitent à tenter, parce qu'il y faut beaucoup de finesse et de sentiment. Dans son *Hiver en Flandre*, il représente, aux portes d'une ville fortifiée dont les remparts, couverts de neige, emprisonnent mélancoliquement l'horizon, quelques paysans en train de brûler des souches dans les champs, et la fumée de ces maigres feux, se mêlant dans le ciel épais aux nuages sombres, donne à la scène un aspect d'une tristesse infinie.

C'est à l'étranger, surtout en Amérique, que les tableaux de M. Jules Breton sont le plus chaudement appréciés. A-t-on lieu de s'en étonner, quand on sait combien les poètes rustiques et les romanciers domestiques ont de succès parmi les nations de race germanique, scandinave ou anglo-saxonne ? La littérature populaire, celle, qui s'adresse aux familles, aux femmes, aux enfants, s'est développée, depuis longtemps, chez tous ces peuples, sans y perdre ce caractère de simplicité, de sensibilité naturelle et naïve, d'observation franche et délicate qu'elle, retrouve bien rarement chez nous plutôt par l'effort de quelques esprits distingués que par le courant naturel du goût public. Depuis un certain temps, les étrangers, possédant déjà une littérature populaire, se sont mis en tête de posséder un art populaire, et il faut reconnaître qu'ils sont en train d'y réussir merveilleusement. Par les journaux illustrés d'Angleterre et d'Amérique, nous savons déjà quelle justesse d'observation on y apporte, le crayon à la main, pour définir les types contemporains, pour analyser des visages de vieillards, de jeunes femmes, d'enfants, pour reproduire leurs attitudes et leurs mouvements dans ce qu'ils ont de plus particulier et de plus expressif. Il restait aux Américains, sinon aux Anglais, à apprendre le métier de peintre ; depuis dix ans, ils sont venus, pour cela, se mettre à l'école chez nous, soit dans les ateliers publics de la rue Bonaparte, soit dans des ateliers privés sur les deux rives de la Seine. Et voilà que ce peuple jeune, laborieux, plein de sève et plein de volonté, recommençant à son profit cette opération que nous fîmes autrefois aux dépens des Flandres et de l'Italie, va se trouver incessamment en possession d'un art nouveau par le rajeunissement des traditions du vieux moufle... Si parmi les étrangers apportant au Salon, dans la peinture familière, une note particulièrement émue et pénétrante, un maniement délicat et expressif des jeux infiniment variés de la lumière et de l'atmosphère, nous retrouvons cette année des Hollandais, des Suédois, des Suisses, des Allemands déjà connus, nous y pouvons saluer aussi, quelques Américains d'une distinction rare. L'*Asile*, par M. Waker Gay, est un morceau exquis où la saveur des colorations, la sûreté, la franchise, le charme de la touche, s'allient, sans effort à une observation extraordinairement pénétrante, et à un sentiment naïf et profond d'une gravité admirable pour charmer le regard et retenir l'esprit. Rien de plus simple, rien de plus banal ; dans une chambre d'hospice, propre, claire, aux vitrages garnis de rideaux blancs à travers lesquels on entrevoit ou plutôt on pressent les verdures fraîches mêlées à des rougeurs de murs en brique, trois vieilles femmes, en vêtements propres et clairs, tricotent en silence, le nez penché sur leur ouvrage. Au fond, une jeune fille, une petite servante ou orpheline, tout en blanc aussi, assise devant une table, regarde devant elle, et, au milieu de tous ces visages ridés et flétris, nous ravit par la fraîcheur naïve de sa jolie frimousse fraîche, rose, éveillée comme une primevère qui pointe parmi les feuillages morts d'une autre saison. Dans ce cadre restreint, la facture habile de M. Walter Gay prend toute sa valeur, mieux peut-être que dans sa vieille femme de grandeur naturelle qui récite son *Benedicite*. Le sentiment n'est pas ici moins juste ni moins profond, mais la facture y est moins soutenue. Une étude dans les mêmes proportions, par M. Butler, la veuve, prête aux mêmes observations ; les parties inférieures sont négligemment brossées, la tête est traitée avec une force d'expression supérieure. L'intérieur d'orphelinat en Hollande, peint par M. Mac-Ewen, sous le titre d'une *Histoire de revenant*, montre des recherches du même genre, et presque aussi heureuses, que celles où réussit si bien M. Walter Gay.

Les Hollandais et les Allemands de Munich, leurs imitateurs, ont été parmi les premiers à remettre en honneur ces amusantes complications de la lumière éparse à l'extérieur ou emprisonnée dans les intérieurs, grâce auxquelles les figures et les objets prennent des aspects plus rares, plus vifs, dramatiques même et saisissants jusqu'à l'étrange et jusqu'au fantastique. Pour les Hollandais, c'était affaire de tradition, puisque leurs plus grands artistes, Rembrandt, Pieter de Hoogh, Van Ostade, Van der Meer, n'ont vécu que de ces jeux subtils et séduisants du clair-obscur. M. Israels n'a fait que reprendre leur suite, avec une lourdeur brumeuse dont il n'a jamais pu se débarrasser, mais avec un sentiment d'intimité juste et profond ; qui attire toujours, comme on l'éprouve en regardant sa *Conteuse* et sa *Garde-Malade*. Dans ce brouillard hollandais, les Allemands ont apporté à leur tour leur goût patient des observations plus minutieuses et plus sèches, et c'est ainsi que nous avons vu se former cette école raffinée et incisive, un peu pédante parfois dans ses négligences volontaires et ses fantaisies préméditées, dont M. Kuehl est l'un des représentons les plus agréables. M. Kuehl, qui débuta aussi, l'on s'en souvient, par des études charmantes faites dans les orphelinats d'Amsterdam, expose, cette année, deux tableaux, les *Joueurs de cartes* et le *Maître de chapelle*, où le procédé, si répandu aujourd'hui, des lumières frisantes employées à dégager les profils et faire valoir les visages, est mis en œuvre avec une grande habileté. Dans le *Maître de chapelle* surtout, les physionomies du vieil organiste, les mains sur son clavier, et des enfants de chœur placés à ses côtés, témoignent d'une vivacité d'observation qui n'est point commune. Il n'y a rien de banal, non plus, du reste, dans la façon dont M. Kuehl présente ses figures dans leur milieu réel, sans aucun souci des symétries ni des groupements conventionnels, en remplissant les vides de ses compositions par le seul intérêt des lumières savamment et finement nuancées. Un sujet identique, *Une Maîtrise d'enfants*, dans une église d'Italie, a été traité par un peintre français, M. Dawant, avec un réel talent, mais suivant des procédés plus connus. Il est curieux de comparer les deux œuvres.

On peut remarquer au Salon que c'est par le procédé ci-dessus, par l'analyse minutieuse des lumières diffuses, que la plupart des peintres de mœurs populaires s'efforcent de poétiser leurs drames ou comédies, et de mettre en saillie leurs figures. C'est, en effet, de ce côté qu'il y a le plus à trouver, bien qu'on n'y obtienne guère non plus de résultats satisfaisants qu'en opérant une certaine concentration sans laquelle il n'y a, en vérité, ni composition, ni tableau. On ne saurait prendre pour une composition l'interminable file de saltimbanques hideux ou grotesques que M. Pelez range, sous le prétexte de *Grimaces et Misère*, sur l'estrade d'une baraque foraine. Il n'y aurait aucune raison pour que la file n'eût pas deux kilomètres. Chaque morceau peut présenter séparément quelque intérêt comme exactitude d'observation particulière ; il n'en présente aucun collectivement ; l'effet général, trop éparpillé, est absolument perdu, tant au point de vue dramatique qu'au point de vue pittoresque, et l'auteur, qui semble avoir voulu nous émouvoir, ne fait qu'irriter nos yeux par ce découpage acharné. Une certaine unité manque aussi à l'étrange réunion de braves gens en deuil réunis, par M. Victor Marec, après des enterrements, dans un cabaret proche du cimetière du Père-Lachaise, à l'enseigne : *Ici on est mieux qu'en face*. On pourrait presque couper le tableau en deux par la moitié sans que l'autre en souffrît. Toutefois ici nous avons affaire à un artiste bien supérieur, évidemment convaincu, qui observe, qui compose, qui peint avec une gravité et une habileté vraiment dignes d'attention. Le groupe d'hommes assis à gauche, demeuré à l'état d'esquisse, attend sa mise au point ; mais le groupe de droite, hommes et femmes, rangés autour de la longue table, présente une série de types parisiens étudiés avec finesse et peints avec fermeté. La pauvre vieille, aux yeux mangés de larmes qui, serrée dans son maigre châle noir, grelotte toutes les misères et tous les deuils, le déclassé aux longs cheveux qui apporte, au milieu de toutes ces douleurs vraies ou factices, profondes ou passagères, sa résignation sceptique et bienveillante, le jeune couple qui, à peine sorti du champ de la mort, est tout prêt de sentir éclore en son cœur la floraison de la vie et de l'amour, quelques autres types encore, qui eussent prêté à la caricature entre les mains d'un artiste moins sérieux, sont rendus par M. Marec avec la sympathie tranquille d'un véritable peintre de mœurs. M. Marec cherche avec raison à se dégager des habitudes de peinture brutale et sombre, à contrastes heurtés, que ses premiers ouvrages semblaient révéler. Tous les tons noirs, accumulés, comme le sujet l'exigeait, dans son tableau n'ont pas encore de souplesses assez nuancées, surtout dans les vêtements. Cependant le jeune artiste a fait un grand pas, puisqu'il a compris que la tristesse des sujets ne s'exprime pas forcément par la pesanteur monotone d'un coloris épais et sale.

L'envahissement du noir et des opacités qui en sont l'ordinaire conséquence est un danger auquel n'échappent pas toujours les peintres de sujets populaires, quand leur sentiment de peintre n'est pas à la hauteur de leur sentiment d'observateur. Un peu de clarté, quelques notes moins lugubres, n'enlèveraient point leur intérêt ni au *Banc d'attente à la Clinique* de M. Perrandeau, sur lequel sont rangées plusieurs pauvres plébéiennes malades, attendant le médecin avec des airs d'abattement, de désespoir, d'anxiété touchants sans emphase et navrants sans affectation ; au *Collier de misère* de M. Geoffroy, le peintre attitré des gamins, qui, sur une rue montante de Montmartre, attèle, à un haquet chargé d'un misérable mobilier, un de ces pauvres petits gavroches en compagnie de son vieux père essoufflé ; ni aux *Tireurs d'arbalète* de M. Buland, aux types si vrais et si nets, mais entassés sans lumière et sans air, dans un cadre trop bas qui leur écrase la tête. Avec un sentiment plus juste des nécessités de son art, M. Gœneutte, traînant, le long d'un quai de Paris, *A la fin du Jour*, un groupe éreinté de bohèmes musiciens, père, femme, fillette, dans la brume piquée des rougeurs lointaines du gaz, se sert habilement des dernières lueurs du crépuscule pour éclairer la trogne couperosée du chef de famille drapé dans ses loques verdâtres, les allures languissantes et résignées de sa compagne, enveloppée d'un vieux tartan rouge, et les joues pâles de la chétive enfant dont le sourire égaie ce couple de déclassés. C'est simple, triste, pénétrant, avec un charme grave d'exécution, charme dont nul peintre ne se peut dispenser, sous peine de n'être plus un peintre. On a remarqué aussi, dans une note plus claire, deux toiles de M. Latouche, l'une attendrissante, *l'Accouchée*, l'autre presque comique à force de vérité, *Décembre*, où la franchise de l'observation est bien mise en relief par la souplesse de l'exécution.

MM. Marec, Perrandeau, Gœneutte, procèdent suivant la vieille loi des simplifications et des concentrations. M. Dantan, dans la *Consultation*, en faisant ausculter une jeune fille à demi nue par un docteur en présence de deux sœurs de charité, M. Gelhay en faisant disséquer un canard par deux étudiants dans le *Laboratoire d'anatomie comparée au Muséum*, M. Gueldry, en suivant le travail des *Mouleurs* dans un hangar, Mme Delance-Feurgard, en rangeant dans une *Crèche* plusieurs files de berceaux remplis de bébés, se conforment, au contraire, aux principes de l'ordre dispersé, qui sont ceux de la nouvelle école. Dans tous ces intérieurs, encombrés sans choix, comme dans la réalité, de mobiliers de toute espèce, le soleil entre à flots, de tous les côtés, criblant tout d'étincelles, de rayons, de reflets, en sorte que l'effet produit par ce cliquetis scintillant de couleurs vives et provocantes est tout d'abord un effet d'éblouissement. Sans doute, l'éblouissement est un effet donné par la nature ; on peut être aveuglé par un reflet du soleil sur un mur blanc ou une roche calcaire ; il ne s'ensuit pas que cet effet puisse à lui seul donner une sensation d'art. Dans les peintures dont il s'agit, on trouve, sans doute, soit dans l'analyse de l'effet lumineux, soit dans la présentation des figures qu'il enveloppe, des recherches tout à fait curieuses et souvent très délicates ; mais il n'en reste pas moins vrai que, dans l'intérêt des figures et des sujets, toute cette bacchanale de couleurs gagnerait à être disciplinée et maîtrisée, même chez M. Dantan, dont le tableau, mieux simplifié et plus ramassé que les autres, est exécuté avec la franchise, la justesse, la clarté dont cet artiste a déjà donné tant de preuves.

Si quantité de jeunes impressionnistes se laissent étourdir par la multiplicité des couleurs en action dans le monde extérieur, M. Cazin donne l'exemple d'un homme qui se possède toujours et qui emprunte seulement à la réalité ce qu'il lui faut d'harmonies douces et de délicatesses justes pour exprimer son rêve délicat. Comme M. Puvis de Chavannes, c'est par l'apaisement des colorations et par l'atténuation des formes que M. Cazin donne aux scènes les plus vulgaires, telles que la rencontre d'un ouvrier en blouse et casquette et de sa femme après la *Journée faite*, l'aspect grave et mélancolique d'une scène biblique jouée sur les rives d'une Seine élyséenne, dans un lointain serein et mélancolique. C'est de la décoration murale plutôt qu'un tableau enfermé dans un cadre, de la fresque plus que de la peinture ; mais comme on y trouve quelques-unes des qualités harmonieuses de la peinture murale, et quelques-unes des grâces douces de la fresque, on se voit bien obligé d'accepter, par exception, ce système d'affaiblissement de la ligne et du ton qu'il est nécessaire de combattre en principe. Puisque le mot de poésie est le seul qu'on ait encore trouvé pour exprimer une certaine exaltation saine et noble de l'âme qui donne aux rêves la vraisemblance de la réalité et qui dégage, du tumulte incohérent des choses, leur vérité, leur harmonie, leur beauté, il faut reconnaître que les œuvres de M. Cazin, notamment cette *Journée faite*, sont profondément imprégnées de poésie. C'est dire que ce sont, malgré certaines insuffisances matérielles, des œuvres supérieures, car celles-là méritent toujours ce nom qui procèdent de cette exaltation, tandis que toute œuvre sans poésie reste forcément une œuvre secondaire.

Le public, d'ailleurs, éclairé ou ignorant, ne s'y trompe pas. Il va droit aux peintures qui portent cette marque, leur passant bien des faiblesses, pourvu qu'elles lui communiquent un peu de cette émotion bienfaisante que donne seule la poésie. C'est pourquoi, parmi les tableaux militaires assez nombreux au Salon, dont quelques-uns offrent des mérites réels, par exemple *le 9e de ligne à la Moskowa*, par M. Le Blant, l'*Assaut de Malakof*, par M. Moreau de Tours, la *Mort de La Tour-d'Auvergne*, par M. Paul Leroy, il n'a d'yeux que pour un seul, qui n'est pas le plus éclatant, le Rive, par M. Edouard Détaille. C'est que là, dans ces longues files de troupiers étendus sous leurs couvertures, en plein champ, dormant à la belle étoile, après une rude journée de bataille, le peintre ne lui montre plus seulement le courage matériel, l'énergie corporelle de cette chère et noble armée dans laquelle chacun a quelque part de soi-même, il lui montre encore la vaillance intime de nos petits soldats, cette résignation enthousiaste qui travaille encore leur âme, dans l'affaissement de leurs membres épuisés, et évoque devant eux, comme un encouragement aux sacrifices futurs, les fantômes innombrables des ancêtres victorieux. Pour bien préciser sa pensée, M. Detaille a fait passer, dans les nues, en visions pâles, le cortège triomphant des vieilles armées républicaines. Voilà à coup sûr qui n'a rien de réaliste ; mais en vertu de quelle formule grossière interdirait-on à l'art le droit de faire voir l'invisible et de faire toucher l'impalpable ? N'est-ce pas là, au contraire, sa plus haute mission et la plus heureuse de ses prérogatives ? Il a suffi à M. Detaille de l'affirmer hardiment pour que sa réputation, déjà grande et conquise par des œuvres d'une exécution peut-être plus

I. LA PEINTURE.

parfaite, devînt populaire en un seul jour.

IV

Malgré l'affaiblissement général des facultés inventives, malgré l'indifférence sincère ou affectée d'une partie des amateurs, des critiques et des artistes pour les compositions idéales, le besoin du rêve, ce besoin de toute intelligence supérieure, qu'elle soit naïve ou cultivée, se manifeste encore chez bon nombre de peintres. Il est rare qu'un artiste digne de ce nom ne se sente pas, à quelque heure de sa vie, dans les jours d'enthousiasme ou de déceptions, emporté par le désir ou par le regret au-delà de ce qu'il peut Voir et toucher. D'ordinaire, c'est dans la première jeunesse, lorsque le vaste monde paraît encore trop étroit à l'orgueilleuse envergure de nos ardeurs et de nos aspirations, ou sur le déclin de l'âge, lorsque l'âme, fatiguée par la vie, se replie sur elle-même en de pénibles méditations, qu'on s'abandonne à ces élans naturels sans fausse honte et sans respect humain. Quel est le jeune peintre, assis devant la mer, sur une plage de sable fin, durant les longues heures de l'été, qui n'a pas eu des visions semblables à celles qui assaillent *le Poète* de M. Gérôme ? Il n'est pas nécessaire d'avoir vécu à la fin du XVIIIe siècle, comme ce poète, de porter culottes de nankin, bottes molles, chapeau noir, gros carrik, de ressembler à notre grand et doux André Chénier, auquel M. Gérôme semble avoir pensé. Habillé d'un veston ou d'une vareuse, coiffé d'un béret ou d'un panama, il n'est pas de rapin moderne, ayant traversé un musée et dessiné d'après l'antique, ayant lu *l'Odyssée* ou *Rolla*, qui, devant la splendeur azurée des vagues bruissantes, n'en ait cru voir sortir l'essaim nu des divinités oubliées, qui n'ait entendu, en cette heure d'extase, flotter à ses côtés la tunique légère de la Muse, qui n'ait espéré de sentir, en se retournant, un chaste baiser, un baiser divin, se poser sur son front inspiré ! M. Gérôme a raconté de nouveau ce rêve de toutes les âmes jeunes dans le langage savant, précis, un peu sec qu'on lui connaît. Dans sa composition, longuement et soigneusement combinée, non plus que dans ses œuvres antérieures, rien n'est laissé au hasard. Chacun de ses groupes, Naïades, Tritons ou Sirènes, chacune de ses figures, vénus, Neptune ou Protée, qui émergent des vagues ou se dressent sur le sable, sont étudiés et présentés avec une recherche minutieuse dans la-forme et dans l'expression. Chez M. Gérôme, le dessinateur attentif est toujours doublé d'un lettré délicat et d'un archéologue instruit. S'il n'a pas les séductions primesautières du coloriste éclatant et du praticien à la mode, il a les séductions durables de l'artiste convaincu et réfléchi, la logique de la composition, la science des formes, le sentiment de la beauté, le charme sérieux de la poésie et de l'intelligence. Les qualités précieuses et fines de M. Gérôme ne sont pas de celles qui s'exprimeraient bien par la furie de la brosse et la désinvolture du pinceau ; il faut laisser à chacun le choix du vêtement qu'il veut adapter à sa conception : l'essentiel est que la forme et le fond s'accordent ensemble. On pourrait faire la même observation à propos de l'*Ophélie* de M. J.-Paul Laurens, petite figure vive, expressive, brillante, touchée d'un pinceau délicat, placée dans un paysage très éclatant. L'artiste a voulu rendre quelque chose de la poésie imagée et scintillante de Shakspeare et de la renaissance, et il y est parvenu.

MM. Maignan et Guillaume Dubufe, on peut le craindre pour leur repos en le constatant à leur louange, appartiennent à cette race incurable des visionnaires toujours inquiets et toujours ravis qui, prêtant au monde extérieur la vie active de leurs esprits, verront toujours nager de blancs corps de femmes dans les écumes soulevées de l'Océan, et tourbillonner les fantômes du passé ou de l'avenir dans les déroulements incessants des nuées mystérieuses. Les artistes de cette espèce, que la réalité oppresse et qui aspirent à s'en délivrer, sont exposés, comme le fabuleux Icare, à se brûler plus d'une fois les ailes au soleil trop ardent de l'idéal ; mais ils ne meurent point de leurs chutes, et il suffit d'une seule traversée plus hardiment et plus heureusement accomplie pour les payer de toutes leurs déceptions antérieures et leur assurer une gloire durable. Le plus grand péril qu'ils courent, comme tous les esprits ouverts et d'une culture variée, c'est de se méprendre sur la portée des ressources matérielles dont le peintre dispose, c'est de confondre les moyens employés par les poètes de la plume, dont les vers les inspirent, avec les moyens que peut mettre en œuvre le poète du pinceau. On ne voudrait pas jurer que M. Maignan ne se soit quelque peu laissé aller à cette confusion en prenant pour sujet de sa toile, l'une des plus grandes et aussi l'une des plus estimables du Salon, les *Voix du tocsin*. La représentation d'un son par une forme présente des difficultés de toute espèce, si même elle n'est pas absolument impossible. Lorsqu'un peintre ou un sculpteur met en scène un chanteur ou un musicien, il n'a point d'ordinaire la prétention de nous faire entendre les sons émis par eux, mais seulement de nous montrer l'être intelligent et sensible qui les émet. Les jeunes gens qui vocalisent dans les bas-reliefs de Luca della Robbia modulent assurément des notes graves de plain-chant, et le rythme dont s'accompagne en souriant le *Chanteur florentin* de M. Paul Dubois est sans nul doute un rythme amoureux ; mais qui pourrait donner le numéro du psaume qu'ils entonnent, ou répéter les vers de la sérénade qu'il murmure ? Au contraire, chez M. Maignan, ce sont les sons eux-mêmes, les sons douloureux et sombres, lancés dans la nuit par une gigantesque cloche, qui doivent être personnifiés par un essaim de grandes figures nues s'échappant de cette gueule béante et se répandant, par groupes agités, dans l'espace. Victor Hugo a souvent évoqué des images de ce genre, notamment dans la *Cloche*, et dans le délicieux impromptu écrit *Sur une vitre flamande*, en écoutant le carillon de Malines :

Le carillon, c'est l'heure inattendue et folle

Que l'œil croit voir, vêtue en danseuse espagnole,

Apparaître soudain par le trou vif et clair

Que ferait en s'ouvrant une porte de l'air.

Mais Victor Hugo se servait de l'instrument littéraire, instrument plus souple et plus varié, qui peut toujours accompagner une métaphore d'une explication, et préciser tour à tour l'image par le son ou le son par l'image. Présenter en peinture des allégories du son immédiatement intelligibles est une tâche autrement rude et qui exige, de la part de l'artiste, une exaltation extraordinaire. On n'y saurait parvenir qu'en imposant au spectateur une impression nettement et vigoureusement fantastique. Si M. Maignan avait donné plus d'importance, d'une part, à la cloche et au clocher d'où s'échappent tous ces fantômes, et, d'autre part, à la terre bouleversée par les horreurs de la guerre, en accentuant moins froidement les anatomies de ces fantômes, nous eussions mieux saisi leur caractère idéal, et nous eussions mieux compris, par la présence des deux termes, l'association d'idées d'où est sortie la conception de l'artiste. Au premier abord, au contraire, la cloche et la terre se voient à peine, tandis que l'action de ces grands corps, agités et tordus comme les damnés de Michel-Ange, les uns s'envolant, en hurlant, dans les espaces, les autres suspendus à des cordes brisées, s'explique lentement et difficilement. Quand on est revenu de cette surprise, on est heureux d'admirer la sérieuse vigueur et la conviction puissante que M. Maignan a apportée dans cette lutte prolongée contre l'insaisissable. La plupart de ces grandes figures en mouvement sont exécutées avec une science et une liberté devenues très rares aujourd'hui, et montrent chez M. Maignan l'étoffe d'un peintre d'histoire. Il eût suffi d'une mise en scène plus complète ou d'une combinaison de couleurs plus dramatique pour leur donner toute leur valeur expressive.

Comme M. Gérôme a voulu exprimer les rêves d'André Chénier, M. Guillaume Dubufe a tenté d'exprimer, dans un grand tryptique décoratif, pouvant servir de rideau théâtral, les rêves de la *Trinité poétique* du XIXe siècle, de Victor Hugo, de Lamartine, de Musset. Au centre, dans une nuit sereine, autour de l'Arc de Triomphe sous lequel repose Victor Hugo, s'agitent, mêlés aux nuées, tous les personnages, réels ou romanesques, qui ont vécu dans son cerveau tumultueux, Napoléon en tête, avec la grande armée. A droite et à gauche s'envolent de même, dans le vague des airs, les créations de Lamartine, représenté lui-même par un jeune homme en méditation auprès d'une balustrade, et d'Alfred de Musset, personnifié par une jeune femme nue, debout contre un pilier. Les trois compartiments, divisés par des treillis d'or, sont reliés entre eux par des figures bleuâtres, Gloires, Renommées, Génies volants, d'une allure vive et légère, dans le style fier et fin du XVe siècle florentin. La place qu'occupe au Palais de l'Industrie, sous un jour violent, cette peinture délicate et raffinée, ne lui est pas favorable. Un demi-jour mieux ménagé, à défaut de la lumière artificielle, ferait mieux valoir les qualités de cette œuvre distinguée, dans laquelle M. Guillaume Dubufe se montre à la fois compositeur ingénieux et savant harmoniste, et où l'on peut signaler quelques morceaux d'une exécution sûre et charmante, notamment la jeune femme personnifiant l'œuvre de Musset.

C'est encore la décoration de la Sorbonne future, commandée par l'état, qui fournit au Salon les spécimens les plus importants de la peinture décorative et monumentale. M. François

Flameng, comme l'année dernière, occupe un vaste espace par sa composition en trois parties représentant la *Renaissance, Richelieu posant la première pierre de la Sorbonne, Henri IV réformant l'Université*. L'élément pittoresque, dans les conceptions de M. Flameng, entre pour une plus grande part que l'élément historique. La scène centrale, disposée avec cette curieuse entente des effets de perspective qu'on avait déjà remarquée dans l'Abélard entouré de ses élèves sur la montagne Sainte-Geneviève, nous offre une restitution de Paris au XVIIe siècle extrêmement bien présentée. Pour éviter la banalité de l'ordonnance traditionnelle, ce n'est pas sur le premier plan que l'artiste a placé ses personnages importants, le cardinal de Richelieu et son cortège, mais dans le fond, à un plan assez reculé, en contre-bas, sous un coup de soleil qui les éclaire et attire sur eux l'attention, qui courait risque d'être distraite par leur éloignement. Quant aux premiers plans, ils sont occupés par un immense échafaudage de charpentes, sur lequel se groupe, à côté de cuves à mortier, de tuiles, de sacs de plâtre, une escouade d'ouvriers en habits de travail et tabliers de cuir, qui ont suspendu leur besogne pendant la cérémonie. Quelques-uns regardent de loin avec curiosité le spectacle officiel qui occupe le fond de la scène ; les autres, le chapeau sur la tête, lui tournent le dos en fumant leurs pipes ou en prenant des airs renfrognés avec une indifférence remarquablement démocratique. On s'attend à voir sortir de la poche de l'un d'eux quelque placard anarchique. Était-il bien nécessaire, en donnant à ces braves gens, dans cette cérémonie, la place qui leur revenait, de leur faire à la fois commettre une inconvenance et un anachronisme ? Pour comble d'invraisemblance, Lemercier, l'architecte, ses rouleaux sous le bras, au lieu d'être auprès du cardinal pour lui expliquer ses plans, est resté aussi sur son échafaudage, tournant également le dos à toute la cour. Quel que soit l'intérêt très réel que M. Flameng ait su donner, en s'inspirant de Lenain et de Millet, à toutes ces figures populaires dont quelques-unes sont traitées avec force et simplicité, on ne peut s'empêcher de regretter qu'il ait cru devoir, dans une circonstance si solennelle, leur sacrifier des figures historiques aussi intéressantes que celles du cardinal de Richelieu et des personnages célèbres à plus d'un titre qui devaient l'accompagner. On pourrait exprimer le même regret à propos du compartiment de la Renaissance, où sont réunis sous un portique, avec la même adresse pittoresque, les grands lettrés qui l'ont illustrée, Ronsard, Rabelais, Ramus, Budée et quelques autres. C'était une occasion de fixer, aux yeux de la jeunesse studieuse, dans un endroit fréquenté, les images, de tous ces glorieux représentants de la pensée française. M. Flameng s'est contenté d'asseoir, sous le portique, sur un banc, Rabelais souriant à un beau cavalier, en pourpoint bariolé, qui se dandine en pliant sa cravache ; tous leurs autres compagnons d'étude et de gloire, sont relégués au loin et dispersés sur les gazons. Tout cela est exécuté avec une verve, avec un esprit, avec un talent que le public apprécie et qu'il est juste de reconnaître. On pouvait cependant espérer mieux encore, et que M. François Flameng traiterait avec la fermeté grave de l'historien ces grandes scènes historiques, tandis qu'il s'est contenté de les traiter avec la verve amusante d'un brillant illustrateur.

C'est, du reste, dans ces grandes compositions destinées aux monuments publics qu'on s'aperçoit combien la haute culture littéraire, qui tenait tant de place dans les ateliers français aux XVIIe et XVIIIe siècles, fait aujourd'hui défaut à nos artistes. L'habitude de n'exécuter, en général, que des figures isolées d'après nature, et de ne les considérer qu'au point de vue de l'exécution matérielle, sans leur attribuer aucune signification intellectuelle ou morale, les laisse tout à fait désemparés et affolés lorsqu'il s'agit de grouper, dans une action déterminée, un certain nombre de figures, d'un caractère précis ou d'une signification complexe. Il est clair, d'ailleurs, que ce n'est pas en un jour qu'on répare ce défaut des habitudes antérieures ; aussi faut-il savoir gré à M. Benjamin Constant, ayant à représenter les *Lettres* et les *Sciences* pour la salle du Conseil académique, de n'avoir point forcé son talent en cherchant des compositions plus significatives, plus intéressantes, plus compliquées, et de s'en être tenu à ranger, suivant sa coutume, dans un milieu éclatant, des figures isolées et juxtaposées. Il a pu ainsi donner le maximum de son talent de coloriste, qui ne s'était jamais exprimé avec tant d'ampleur. Dans le panneau de gauche, quatre femmes en blanc, assises sur un banc, sous un portique soutenu par deux colonnes de marbre rouge, ouvrant sur la perspective d'un coteau gazonné, personnifient les différentes formes de la littérature. Une cinquième, drapée de vert, l'Éloquence, se tient debout en déclamant. Les physionomies très individuelles de ces Muses, fermement accentuées, dénotent des intelligences plus passionnées que méditatives, plus ardentes que pondérées. La première seule, une blonde fraîche, grasse et souriante, couronnée de bluets et de coquelicots, d'une grâce robuste et attrayante, semble avoir connu, au moins au théâtre, la poésie classique. Ce caractère de force et de santé, que M. Benjamin Constant donne à toutes ses figures, à vrai dire, n'est point en soi pour nous déplaire. On peut être surpris de le trouver trop également marqué en des Muses françaises, d'ordinaire considérées comme moins rudes et moins primitives, on ne saurait se plaindre de le voir énergiquement accentué, sur le compartiment opposé, dans les belles figures d'hommes, aux têtes nues, drapés de blanc, qui personnifient les sciences. Le premier, penché en avant, médite devant une sphère céleste ; les autres, entourés d'instruments scientifiques, donnent des instructions à un ouvrier, en tablier de cuir, au torse nu, qui les écoute. Cette glorification du travail matériel à côté du travail intellectuel, de la main qui exécute à côté du cerveau qui pense, n'a rien que de légitime, dans cette mesure. M. Benjamin Constant a, d'ailleurs, su associer cette figure réelle à ses figures idéalisées de savants avec la force d'un peintre d'histoire. Le tryptique est complété par un panneau central où, dans l'entre-colonnement au travers duquel on voit s'élever le dôme de la Sorbonne, sous un ciel étincelant, sont assis, sur un banc circulaire, le recteur actuel de l'Académie et les doyens des Facultés. Les antithèses de ces robes violettes, rouges et jaunes, fournissaient à M. Benjamin Constant l'occasion de déployer toute sa virtuosité de peintre ; il ne l'a pas laissée échapper. Ce panneau central est un morceau exemplaire de peinture forte et généreuse, d'une polychromie brillante, joyeuse, harmonieuse. Les visages des personnages représentés y sont ressemblants, ce qui ne gâte rien ; il est donc probable qu'une fois en place, ce tryptique, dans son ensemble, réjouira assez vivement les yeux pour qu'on ne songe pas à lui demander des intentions plus profondes.

C'est encore pour la Sorbonne que M. Chartran a représenté un *Vincent de Beauvais* et *Louis IX à l'abbaye de Royaumont* ; M. Duez, un *Virgile s'inspirant dans les bois* ; M. Raphaël Collin, une *Fin d'été* ; mais, à parler franc, aucun de ces trois panneaux ne nous semble fait pour servir beaucoup la renommée de son auteur. M. Chartran n'a été que médiocrement inspiré par ces deux figures nationales, pourtant si intéressantes à restituer, le plus grand roi et le plus grand érudit du XIIIe siècle. M. Duez, si habile à exprimer l'exhalaison puissante des grasses verdures et des golfes verts de la Normandie, s'est trouvé dépaysé, d'une façon inquiétante, sous les pins sévères et grandioses d'Italie, devant la Méditerranée d'azur, et M. Raphaël Collin, qui trouve des tons si roses et si frais pour peindre les Nymphes légères aux carnations délicates sur les gazons printaniers, n'a plus trouvé que des touches sèches et dures pour les représenter à l'arrière-saison ; il fait déjà froid dans sa toile, presque un froid d'hiver.

Ces ouvrages décoratifs ne sont pas les seuls qui méritent l'attention. Un grand carton de M. Ehrmann, *les Lettres, les Arts et les Sciences dans l'antiquité*, exécuté en tapisserie aux Gobelins pour la Bibliothèque nationale, présente une intéressante composition, révélant une science des attitudes, un respect des belles formes, un sentiment des harmonies douces, qui deviennent de plus en plus rares. Il serait injuste de ne pas s'arrêter aussi devant quelques compositions plus modestes, mais conçues dans un esprit poétique, comme l'*Affligée* et la *Muse* de M. Aman-Jean, l'*Orphée* et le *Saint Hubert* de M. Lagarde, la *Damnation de Faust* et l'*Or du Rhin* de M. Fantin-Latour. En dehors des ouvrages historiques déjà signalés, quelques autres dénotent encore, soit une étude approfondie de la forme humaine et le sentiment du style héroïque, comme le *Pro Aris et Focis* de M. Lœwe-Marchand, soit une habileté déjà grande de metteur en scène et de praticien, comme l'*Attila consultant les aruspices* de M. Bordes, soit des tentatives heureuses pour rajeunir des sujets usés par l'introduction d'un élément moderne, comme la *Sainte Cécile* de M. de Richemont, la *Légende de saint Dénis* de M. Delance, la *Jezabel* de M. Guay, la *Marie-Madeleine* de M. Leenhardt, la *Légende de saint Martin* de M. Rachou, le *Fil de la Vierge* de M. Lucas, etc. Nous n'aurions d'ailleurs qu'à répéter, à propos de la plupart de ces peintres, les observations déjà faites pour d'autres : ce qui leur manque, ce n'est ni le talent d'observation, ni même le talent d'exécution, mais seulement cette patience et cette volonté qui permettent d'abord de pousser jusqu'au bout ses études techniques et ensuite d'approfondir un sujet choisi. Malheureusement, les qualités sérieuses, intrinsèques, fortes ou délicates d'une peinture ne sont pas celles qui la font du premier coup distinguer dans le pêle-mêle scandaleux d'abominables barbouillages qui encombrent le Salon. Ce qui d'abord saute aux yeux du public, c'est le bizarre, le brutal, l'étrange, le gigantesque, l'inconvenant. Il en sera ainsi tant que les jurys prendront pour devise le cri du grand inquisiteur pendant le massacre des Albigeois : « Tuez-les tous, tuez-les tous, Dieu reconnaîtra les siens ! » Le jury tue toutes les peintures en les acceptant toutes. Aucun amateur, aucun critique ne possédant ni l'ubiquité, ni l'infaillibilité du juge céleste, est-il surprenant que nous éprouvions quelque peine à reconnaître les nôtres ?

II. LA SCULPTURE.

L'impopularité et la solitude sont de bonnes conseillères. Tandis que les peintres, fêtés par le monde, flagornés par la presse, glorifiés par les photographes, consument, en général, le plus clair de leurs forces et de leur volonté dans une dispersion stérile d'existence et d'imagination, les sculpteurs, obscurs ouvriers longuement rivés à leurs tâches par la résistance d'une matière moins docile, mais plus durable, poursuivent, au contraire, dans le silence de leurs ateliers humides et nus, leur rêve éternel avec une obstination touchante. Ici, peu ou point d'incertitude sur le but à atteindre et sur les moyens à employer. Le but, c'est d'abord la réjouissance des yeux par la combinaison harmonieuse des formes vivantes, c'est ensuite, pour les œuvres supérieures, l'exaltation de l'esprit par la beauté ou l'intensité d'expression donnée à ces formes reposées ou en mouvement ; les moyens, c'est la connaissance exacte et l'emploi judicieux de l'anatomie humaine. Malgré la faiblesse relative d'un certain nombre de morceaux, trop incomplets ou trop inexpérimentés, illégitimement admis par la déplorable indulgence des jurys, et qui compromettent l'aspect général de l'exposition, nos sculpteurs français, dans leur ensemble, montrent, cette année encore, qu'ils n'ont pas l'intention de broncher sur les principes ; et l'on reste toujours étonné de la quantité de groupes et de statues, d'un mérite réel, produits régulièrement par leurs mains, si l'on réfléchit surtout à ce que coûte de temps et d'argent la moindre de ces figures et lorsqu'on connaît la modicité des ressources dont disposent en général ces obstinés pétrisseurs d'argile, ces enragés tailleurs de marbre.

Il y aurait d'étranges et touchants récits à faire sur la vie de nos sculpteurs contemporains. C'est peut-être dans cette classe d'artistes qu'on trouve les vocations les plus désintéressées et les plus opiniâtres, les illusions les plus vaillantes et les plus indestructibles, les dévouements les plus patients et les plus résignés. C'est par exception que quelques-uns d'entre eux arrivent à la fortune ; c'est par exception aussi que, même pour les plus estimés, la réputation dépasse un petit cercle et que la renommée se tourne en gloire. La plupart, venus d'en bas, fils d'ouvriers ou de paysans, ayant contracté de bonne heure l'amour de la terre et de la pierre en les remuant et en les maniant, accoutumés aux rudes travaux, gauches de manière et timides d'esprit, mènent une vie difficile qui serait une vie misérable s'ils ne marchaient toujours l'âme fixée sur un songe, sans cesse escortés par l'image de force ou de beauté qu'ils s'obstinent, malgré tous les déboires, à vouloir réaliser. Puissance singulière du besoin de créer ! Il n'est pas rare de voir de pauvres sculpteurs, hantés par leur rêve insaisissable, entraîner avec eux, par la force de leurs convictions, durant de longues années, dans une série d'incroyables sacrifices, non-seulement leurs femmes et leurs enfants, mais encore leurs camarades, leurs voisins, jusqu'à leurs fournisseurs ! Il n'y a guère d'année où ceux qui vivent dans ce petit monde humble et laborieux ne vous puissent montrer une figure de plâtre, de pierre ou de marbre, pour laquelle on a tout engagé, le présent et l'avenir, et dont l'achèvement a exigé la collaboration de bien des petites bourses et de bien des confiances imprudentes. Dans quel espoir, hélas ? D'une médaille qui n'arrive pas toujours, d'un achat qui n'arrive presque jamais. Nos amateurs, qui parfois jettent si follement les billets de banque sur une faïence ou une aquarelle, ne sont point aussi généreux pour les sculptures. La statuaire n'occupe pas encore, dans nos édifices et dans nos appartements, la place qui pourrait lui être réservée et qu'elle remplirait si bien. Quant à l'état, sur qui l'on compte en dernier lieu, il est pauvre et il paie mal ; c'est cependant l'état qui reste la plus sûre ressource des jeunes sculpteurs, et si le gouvernement, comme le réclament de temps à autre quelques politiciens irréfléchis, cessait de s'intéresser à leur art, il est bien probable que là aussi, comme ailleurs, nous ne tarderions pas à perdre notre supériorité séculaire. Quoi qu'il en soit, rien ne les rebute. Il semble même que plus on leur montre d'indifférence, plus ils se raidissent dans leurs convictions, que plus le goût du public s'abaisse et se rapetisse, plus ils sentent croître leur passion pour ce qui est élevé et pour ce qui est grand. Depuis quelques années, il y a en outre un mouvement très accentué chez les jeunes sculpteurs dans le sens des conceptions matériellement puissantes et des compositions colossales. Le nombre des figures d'adolescents ou d'adolescentes, souvent délicates et fines, mais prêtant au maniérisme et à la mollesse, si fort à la mode à la suite des premiers succès de MM. Falguière et Dubois, diminue à chaque Salon depuis plusieurs années. En revanche, la note mâle et vigoureuse, la note héroïque, celle qu'a redonnée le premier M. Mercié par son *Gloria Victis* et par son *Génie des Arts*, y résonne plus fréquemment. Presque tous les pensionnaires de Rome tiennent à honneur d'apporter de là-bas des témoignages d'un long commerce avec les tailleurs de marbre les plus robustes de l'antiquité et de la renaissance ; le torse colossal du Belvédère et le *Moïse* de San-Pietro-in-Vincoli tourmentent leur imagination comme la *Victoire* de Samothrace, l'Esclave de Michel-Ange et le *Milon* de Puget tourmentent celles de leurs camarades demeurés à Paris et plus voisins du Louvre que du Vatican. On dirait qu'il y a chez eux comme un mot d'ordre pour résister à l'envahissement des trivialités naturalistes et des fadeurs quintessenciées qui déshonorent les arts plastiques aussi bien que la littérature. Cependant ce mot d'ordre n'existe pas, car il n'y a pas, en général, d'artistes moins raisonneurs et moins théoriciens que les sculpteurs ; les plus puissants sont les plus taciturnes. C'est donc simplement à leurs habitudes consciencieuses de travail solitaire et de contemplation désintéressée qu'ils doivent cette fermeté collective de direction et cette grandeur commune d'aspirations.

Deux groupes en marbre se partagent surtout l'admiration des amateurs, comme ils se sont disputé les voix des artistes pour la médaille d'honneur, le *Pro Patria Morituri*, de M. Tony-Noël, *l'Aveugle et le Paralytique* de M. Turcan. C'est à ce dernier, en fin de compte, qu'est allée la majorité, et ce jugement se peut justifier par les qualités particulières d'expression qui s'y joignent aux qualités sérieuses de l'exécution pour en faire un morceau supérieur. On se souvient qu'en 1883, lorsque M. Turcan exposa le modèle en plâtre de l'*Aveugle et du Paralytique*, le même sujet avait été traité par d'autres artistes distingués, notamment par MM. Carlier et Gustave Michel. Je ne sais qui, dans les ateliers de la rive gauche, avait eu l'idée de tirer de ses souvenirs d'enfance cette fable du bon Florian ; mais ce contraste saisissant et cette alliance touchante entre la vigueur d'un corps que sa tête ne conduit pas et la vivacité d'une tête qui ne commande plus à son corps avaient fortement excité l'imagination de plusieurs jeunes gens. Ce concours spontané donna d'excellents résultats. Les sujets de ce genre, où le contraste des expressions morales peut s'exprimer par le contraste même des forces physiques, ne sont pas, en effet,

II. LA SCULPTURE.

de ceux qu'on rencontre tous les jours. M. Turcan en a tiré un excellent parti. Il n'était point aisé d'exprimer plastiquement toute cette complication d'actions physiques et de sentiments moraux :

Hélas ! dit le perclus, vous ignorez, mon frère,

Que je ne puis faire un seul pas :

Vous-même vous n'y voyez pas ;

A quoi nous servirait d'unir notre misère ?

— A quoi ? répond l'aveugle, écoutez : à nous deux,

Nous possédons le bien à l'homme nécessaire :

J'ai des jambes et vous des yeux.

Moi, je vais vous porter ; vous, vous serez mon guide ;

Vos yeux dirigeront mes pas mal assurés ;

Mes jambes, à leur tour, iront où vous voudrez.

Ainsi, sans que jamais notre amitié décide

Qui de nous deux remplit le plus utile emploi,

Je marcherai pour vous, vous y verrez pour moi.

Le sculpteur, cependant, est parvenu à tout dire, et à tout dire dans sa langue, cette langue nette et simple des formes qui doit se faire entendre sans commentaires. Si nous avons rappelé l'apologue populaire d'où est sortie l'inspiration, c'est pour faire comprendre les difficultés en présence desquelles s'est placé volontairement l'artiste et pour faire saisir le mérite qu'il a eu d'en triompher. En réalité, M. Turcan a obtenu un résultat si complet, il a si bien fait passer le sujet du domaine littéraire dans le domaine sculptural, que son groupe parle de lui-même aux yeux les moins avertis et aux esprits les moins cultivés. L'aveugle, un grand corps solide et musculeux à la Michel-Ange, mais d'une solidité embarrassée d'elle-même et d'une musculature qui s'ignore, a déjà chargé sur ses épaules le paralytique, dont il tient fermement les deux jambes raides et sèches sous son bras droit. L'impotent inquiet du bras droit se cramponne tant qu'il peut au cou de son conducteur, tandis qu'allongeant son autre bras le long du bras tendu de l'aveugle, il le dirige ainsi du geste en même temps que de la voix. L'inclinaison de la tête du vieux paralytique, tête intelligente et résignée, s'appuyant tendrement sur la joue de son compagnon, accentue encore la signification de ce geste indicateur. C'est, en outre, avec une simplicité, une délicatesse, une tendresse vraiment supérieures que M. Turcan a marqué, sans affectation, entre les deux figures, toute une série de contrastes expressifs, d'un côté la pesanteur vacillante de l'énorme portefaix hésitant et tâtonnant, dont les yeux clos n'éclairent point la face inerte et dont les pensées flottent dans la nuit, de l'autre la résolution attentive et la prudence reconnaissante de son conducteur débile, tout étonné et tout ravi de pouvoir se diriger au moyen de cette association de forces et de cœurs. Si l'on ajoute qu'en cette circonstance M. Turcan s'est montré un ouvrier du marbre aussi intelligent que l'avait été d'abord l'arrangeur de figures, que ces deux figures enlacées sont traitées, d'un bout à l'autre, avec une science soutenue qui ne s'affiche pas et avec une habileté discrète qui sait se contenir, on reconnaîtra que la médaille d'honneur a rarement signalé une œuvre plus méritante.

Le groupe colossal commandé par la ville de Paris à M. Tony-Noël, et qui a pu, sans exciter l'étonnement, disputer la plus haute récompense du Salon à celui de M. Turcan, ne procède pas d'une inspiration littéraire si complexe. C'est un pur morceau de sculpture, mais de sculpture solide et vigoureuse, conçu avec l'énergie grandiose d'un Romain qui aurait vécu dans les écoles de Rhodes, exécuté avec la fermeté inaltérable et la vaillance résolue d'un praticien consommé. Le *Pro Patria morituri* met en scène deux guerriers vêtus à l'antique, c'est-à-dire fort peu vêtus. L'un d'eux, déjà frappé à mort, et tombé sur son bouclier, la face contre terre, ne porte qu'une bandelette enroulée à l'un de ses énormes pieds ; l'autre, le survivant, le dernier combattant, coiffé d'un casque plat à nasal, a perdu, dans la mêlée, l'une de ses jambières. Ce dernier, enjambant le cadavre de son compagnon, se penche en avant, dans une attitude défensive, et présente son avant-bras gauche, muni d'un étroit bouclier, à l'ennemi, en brandissant son glaive de la main droite. Il n'y a donc là rien d'inattendu pour l'esprit, et c'est seulement dans la pondération savante des formes, dans le rythme fier et souple des contours, dans la détermination énergique des attitudes, dans la combinaison naturelle et vivante des mouvements, dans la force et la liberté du rendu, que M. Tony-Noël avait à déployer sa maîtrise. Il l'a fait avec une maturité puissante qui témoigne d'un artiste en pleine possession de tous ses moyens et en pleine possession de lui-même. Ce beau groupe, d'une allure mâle et résolue, taillé dans un marbre d'un grain serré et d'un ton sévère, avec une largeur et une sûreté peu communes, est un de ces morceaux de bravoure qui font honneur à toute une école, en attestant la force de l'enseignement traditionnel qu'on y reçoit et qu'on y transmet.

Parmi les successeurs de M. Tony-Noël à la villa Médicis qui en ont rapporté comme lui le goût des conceptions robustes, on a remarqué, depuis plusieurs années, MM. Peynot et Labatut. M. Peynot, dont nous avons loué ici même la *Proie* et le *Pro Patria* en 1886, n'expose cette année que le modèle en plâtre d'un groupe décoratif destiné à occuper le milieu d'un bassin dans le parc de Vaux-le-Vicomte ; c'est un Triton gigantesque sonnant d'une conque marine et se roulant avec deux enfants au milieu des vagues ; on peut déjà prévoir, par l'allure vivante et libre de ce modèle, l'effet pittoresque qu'il produira sous le ruissellement d'un jet d'eau dans un joyeux mouvement de lumières. Quant à M. Labatut, ses deux envois, un *Roland* en marbre et un *Moïse* en bronze, attestent tous deux un tempérament vigoureux de sculpteur et de fortes études chez les maîtres les plus virils de la renaissance. Le *Moïse*, un Moïse jeune, vif, bien découplé, le Moïse ardent et imprudent qui, voyant un Égyptien frapper un de ses frères hébreux, le tue du coup et l'enfouit sous le sable du désert, se rattache, par la fière découpure de ses membres nus et par la vivacité sèche de son mouvement, à l'école de Donatello et de l'Ammanati. Un pied sur le cadavre écrasé et replié de sa victime, foulant de l'autre un fragment d'inscription hiéroglyphique, ce jeune homme furieux, jetant d'une main loin de lui la couronne égyptienne et de l'autre étreignant un yatagan, semble autant une figure allégorique qu'une figure historique. Si les accessoires sont orientaux, il n'y a d'ailleurs aucune recherche d'orientalisme dans le personnage lui-même, qui reste un personnage d'allure décorative et d'expression générale dans sa nudité antique à la mode florentine du XVe et du XVIe siècle. Peut-être, de notre temps, conviendrait-il de chercher à pénétrer un peu plus avant dans la vraisemblance historique ; si rien ne garantit à l'artiste, non plus qu'à l'écrivain, qu'il retrouvera jamais la certitude du type disparu, il est certain pourtant que le seul effort fait pour l'atteindre donne presque toujours à son œuvre un accent de vie plus imprévu et plus nouveau ; les hommes de la renaissance ne faisaient pas autrement, lorsqu'en transformant en héros leurs camarades et leurs voisins, ils s'imaginaient volontiers faire œuvre de résurrection savante. Dans un sujet aussi moyen âge, aussi français, que le *Roland à Roncevaux*, on eût été heureux, par exemple, de trouver, au moins dans le costume, quelques indications spéciales plus apparentes qui ne permissent pas de pouvoir prendre à distance, même un instant, le neveu de Charlemagne, dans sa nudité classique, pour un Prométhée se tordant sur son roc ou pour un Ajax se débattant sous les éclairs. M. Labatut, il est vrai, a cherché à donner au paladin une physionomie française en le dotant d'une tête anguleuse, avec des mâchoires épaisses, un front bas, des cheveux courts, des moustaches pointues, qui le font bien plus ressembler à un reître ou à un mousquetaire du temps de Louis XIII qu'à un preux noble et fervent des chansons de geste. C'est malheureusement, à notre gré, la partie la moins réussie de l'ouvrage, et il nous est difficile de retrouver dans cette physionomie épaisse la beauté virile du noble comte Roland, à qui la belle Aude n'avait point la force de survivre, et dont le poète ou le chantre Theroulde nous a conservé les dernières et touchantes paroles. Le groupe, d'ailleurs, est puissamment massé, savamment mouvementé, hardiment exécuté, et il eût suffi de lui mieux donner sa signification historique pour en faire un monument d'intérêt national. L'instant choisi par M. Labatut est celui où Roland, sentant venir la mort, perdant la cervelle par les oreilles, n'ayant plus de souffle pour faire sonner l'olifant, prêt à la mort, évanoui sur l'herbe verte, vient d'être attaqué sournoisement par un Sarrasin qui s'était caché parmi les cadavres. « Le comte sent qu'on lui enlève son épée ; il ouvre les yeux et ne dit que ce mot : « Sur mon âme, tu n'es point des nôtres ! » Il tient l'olifant, que jamais il ne veut lâcher, il en frappe le prince sur son heaume ciselé d'or, il brise l'acier, et la tête et les os, il lui fait sortir les deux yeux de la tête et l'abat mort à ses pieds… Alors Roland s'aperçoit qu'il ne voit plus. Il se dresse sur ses pieds et s'évertue tant qu'il peut, mais son visage est sans couleur. » C'est ce dernier retour de vie que M. Labatut a voulu rendre. Presque assis sur un roc, ayant entre les jambes le cadavre replié du Sarrasin, qu'on reconnaît à sa cotte de mailles rompue et déchirée, Roland se raidit encore de toutes ses forces contre la mort qui l'envahit. Ses yeux se ferment, sa tête se penche ; de sa main droite, qui étreint encore à plein poing Durandal, il s'appuie en arrière sur le granit, et dans sa main gauche dressée serre l'olifant, qu'il n'a plus la force d'approcher de ses lèvres. La tension et la résistance de ce corps vigoureux sont rendus, en diverses parties, avec une largeur et une résolution remarquables qu'on retrouve aussi dans les membres, savamment ramassés, du Sarrasin gisant. L'effet général, bien qu'un peu confus et lourd, est sculptural et dramatique. M. Labatut compte, dès aujourd'hui, parmi les ouvriers les plus vaillants de la matière plastique, auxquels il suffira d'un jour de bonne inspiration pour réaliser à son tour quelque chef-d'œuvre supérieur où la puissance de la forme sera mise au service d'une pensée plus personnelle. MM. Tony-Noël, Peynot, Labatut, sont des sculpteurs expérimentés qui peuvent s'attaquer sans péril à des figures gigantesques, parce que chez eux la vaillance du ciseau est égale à la vaillance de l'imagination, et qu'en taillant des formes colossales, ils n'en compromettront pas l'effet simple et grandiose par la recherche de détails insignifiant ou l'accentuation inopportune d'une habileté superficielle. Leurs œuvres pourraient être brisées que tous les morceaux crieraient encore la grandeur de l'ensemble. M. Injalbert appartient aussi à cette lignée de modeleurs puissants, mais il y apporte une recherche particulière du mouvement décoratif et un goût marqué pour la tradition un peu pompeuse du XVIIe siècle français. Sans avoir l'importance des grands reliefs qu'il exposait l'année dernière, sa *Renommée* et sa *Douleur* le montrent suivant avec résolution la voie qu'il a choisie. La Renommée, une belle figure volante en haut-relief, ouvrant largement ses grandes ailes, en traînant dans l'espace un long flot de draperies, n'est point la plus originale ; on y peut reconnaître quelques réminiscences de MM. Chapu et Mercié. La *Douleur*, au contraire, figure allégorique destinée à un tombeau, rentre plus dans l'ordre habituel des conceptions décoratives du sculpteur. C'est une jeune femme, enveloppée, surchargée, presque écrasée de lourdes draperies, sous lesquelles elle s'avance en trébuchant, et qui, tenant de la main gauche une grande couronne d'immortelles, cherche à écarter de son front, en même temps que le voile qui lui pèse, le souvenir qui l'oppresse. Le jeu des contours et des lumières, savamment ménagé dans cette complication de saillies et de plis, accentue encore l'expression de lenteur funèbre et d'écrasement moral que le sculpteur a voulu donner à cette apparition désolée. Il est regrettable de ne pas trouver un sentiment si élevé dans le groupe intéressant dû à M. Cordonnier, un autre sculpteur chercheur et audacieux, d'une extraordinaire habileté à pétrir l'argile ou à tailler le marbre. Pour représenter la *Maternité*, M. Cordonnier a choisi une jeune femme d'un type étrange, un peu sauvage, avec un air effaré et un sourire animal d'intention préhistorique sans doute, mais d'une expression, difficile à définir. Cette individualité typique et trop marquée de la physionomie rapetisse l'effet d'une composition qui, puissamment massée et larges ment exécutée, se présente bien au regard, et qui contient des morceaux traités avec une véritable maîtrise, notamment la poitrine de la mère et les deux enfants. Ceux-ci, gras et potelés comme de petits Bacchus, n'ont rien conservé de l'étrangeté du type maternel. M. Cordonnier, en oubliant peut-être la bizarrerie de sa première inspiration, s'est retrouvé, pour représenter ces petits êtres endormie, soudains, bien portants, un véritable sculpteur, simple et fort, ce qu'il devrait toujours être. Les groupes colossaux de MM. Michel, Tony-Noël, Labatut ne sont pas les seuls qui méritent l'attention. Il en est d'autres, sous des dimensions plus modestes, moins librement et mains largement traités, où l'an peut goûter encore des qualités fort estimables et un effort heureux dans la composition. M. Aizelin, l'évocateur aimable des Marguerites et des Mignons, a rarement, que nous sachions, composé, dans le sentiment classique, un groupe plus expressif ou d'un plus noble aspect que son *Agar* et *Ismaël*. Agar, une noble femme, au profil correct, la tête enveloppée d'un voile, tient, renversé sur ses genoux, le petit Ismaël, dont le corps nu se développe ainsi tout entier. Sans viser à un renouvellement inattendu de ce sujet traditionnel, soit par l'introduction des recherches ethnographiques, soit par une mise en scène dramatique, M. Aizelin est arrivé cependant à faire une œuvre intéressante et touchante par le charme sérieux d'une exécution grave, habile et correcte. Le groupe plus ambitieux de M. Godebski, la *Force brutale étouffant le génie*, offre aussi, avec moins de simplicité, un bon aspect d'ensemble. Cette allégorie, dans le goût du XVIIe siècle, qui semble faite pour un parterre de Versailles, nous présente une manière d'Hercule Farnèse au front bas, aux muscles redondants, qui étreint entre ses bras un jeune homme muni de grandes ailes. L'issue de la lutte n'est pas douteuse, et le chétif adolescent se débat en vain sous cet embrassement cruel en implorant les divinités sourdes. Il est fâcheux que certaines duretés et quelques minuties dans l'exécution enlèvent à ce corps à corps un peu de son effet vigoureux et saisissant.

Deux compositions, également conçues et traitées d'après les données et les habitudes des académiciens d'autrefois, dans un ordre d'idées plus familières, par MM. Steiner et Allouard, présentaient de moindres difficultés, qui ont été heureusement résolues par leurs auteurs. Le *Père nourricier* de M. Steiner est d'ailleurs encore à l'état de modèle en plâtre, et, durant sa transformation définitive, pourra subir quelques changements désirables, notamment au point de vue d'une meilleure simplification des draperies. Telle qu'elle est, cette scène pastorale se compose agréablement. Ce père nourricier, un bonhomme chevelu et barbu, avec une physionomie ravagée et affable de vieux prolétaire, est un Faune aux pieds fourchus, qui a recueilli dans sa forêt, par suite de circonstances inconnues, deux nourrissons humains. Il s'acquitte en conscience de sa besogne et veille avec sollicitude sur l'un des poupards qui ronfle à pleines joues sur ses genoux, tandis que l'autre, assis dans le gazon, à son côté, dépèce, gaîment, avec la rage destructive de son âge, une flûte en roseaux. M. Steiner a mis de l'esprit et de la gaîté dans cette sculpture vivante et chiffonnée, sans sortir des règles de la bonne plastique. M. Allouard a fait de même, avec un succès mérité, dans sa *Lutinerie*, où l'on voit une Bacchante, étendue sur une peau de lion, corrigeant un très jeune Faune qui paraît avoir voulu prendre quelque liberté précoce avec la belle endormie. La dame, plus coquette qu'offensée, n'y va pas de main morte, et l'oreille pointue du polisson qui agite ses pieds de bouc en faisant une grimace douloureuse, s'allonge lamentablement sous les doigts élégants qui la tirent. C'est galamment arrangé, finement étudié, soigneusement exécuté. Au XVIIIe siècle, on eût commandé à M. Allouard une réduction de ce joli marbre pour en faire un sujet de biscuit de Sèvres à placer dans les boudoirs à la mode.

C'est encore aux souvenirs mythologiques que MM. Coulon,

Guilloux, Houssin, Michel, Pépin, Lemaire, en s'inspirant des traditions françaises, MM. Leenhoff, Mégret, Barthélémy, en se rattachant plus étroitement à l'imitation antique, MM. Astruc et Granet, en se souvenant de la renaissance, ont emprunté les sujets de leurs groupes ou de leurs figures. L'*Hebe cœlestis* de M. Coulon, dont le modèle avait été médaillé au Salon de 1886 et dont nous avons parlé alors, a gardé dans le marbre son bon aspect plastique et décoratif. La première apparition de l'*Orphée expirant* de M. Guilloux, qui avait fait connaître ce jeune artiste, remonte à 1881 ; on voit que l'auteur a mis du temps pour achever et polir son ouvrage. C'est de la bonne sculpture française, d'une conception judicieuse, d'un sentiment distingué, d'une exécution consciencieuse, ce qu'on appelait autrefois l'œuvre d'un homme de goût. Aucune affectation dramatique ni sentimentale. Le beau poète, frappé par les Bacchantes, est tombé sur le sol. Épuisé, désespéré, résigné, n'ayant presque plus la force de dresser l'un de ses bras pour se défendre contre les derniers coups de ces forcenées, il se soulève avec peine sur l'autre bras, laissant tomber sa lyre inutile. Le *Phaéton* de M. Houssin présente des lignes plus mouvementées. Par une inspiration assez hardie, le sculpteur a représenté le fils présomptueux du Soleil au moment même où, frappé sur son char par la foudre de Jupiter, il chancelle prêt à tomber. Bien qu'une attitude pareille soit bien difficile à saisir et à fixer, sans invraisemblance, dans la matière plastique, qui ne dispose pas, pour expliquer et justifier ces mouvements transitoires, des ressources complémentaires de la peinture, M. Houssin s'est tiré avec goût et adresse de ce pas difficile. Sa figure, sans être trop agitée, se débat suffisamment au milieu des débris du char brisé et des lambeaux de draperies flottantes pour que l'action se comprenne et s'explique. Peut-être ce Phaéton est-il un peu maigre et efflanqué pour un fils de dieu, mais il sera facile à M. Houssin d'enrichir son système musculaire avant de le couler en bronze. L'ouvrage, ainsi amélioré, pourra faire bonne figure dans un jardin. On ne saurait adresser un reproche du même genre à la *Fortune enlevant son bandeau*, par M. Gustave Michel ; s'il y avait chez elle quelque correction à désirer au point de vue des formes, ce serait plutôt dans le sens de l'atténuation que de l'augmentation. On pourrait observer, il est vrai, que l'action même à laquelle se livre cette Fortune, action très audacieuse, tout à fait inattendue et bien contraire aux traditions expérimentales de l'antique légende, implique de sa part une forte dose d'énergie morale. S'il y a une Fortune virile, c'est bien celle-là, qui veut enfin, après tant de siècles mal employés, voir clair à ce qu'elle fait et distribuer ses faveurs à ceux qui les méritent. M. Gustave Michel, l'auteur, nous l'avons rappelé, d'un de ces groupes de l'*Aveugle et du Paralytique* qu'on avait pu comparer, en 1881, à celui de M. Turcan, a traité cette donnée originale avec un sentiment élevé de l'expression plastique et morale. La déesse, un pied en avant, l'autre suspendu encore sur sa roue d'où elle est descendue et qui tombe derrière elle, s'élance en arrachant, par un mouvement décidé, le voile qui lui couvrait les yeux. La tête, d'un type assez moderne, mais soigneusement choisi, montre un caractère de beauté noble et de simplicité intelligente qu'il est bien rare de pouvoir admirer dans les œuvres contemporaines de sculpture, où presque toujours les visages et les physionomies restent les parties les moins intéressantes, soit à cause de l'extrême banalité des types, soit à cause de leur réalisme excessif. Le torse, ferme et souple, n'est pas indigne de cette belle tête ; et c'est seulement dans les parties inférieures du corps qu'on pourrait désirer un modelé plus délicat et plus ressenti. La matière dans laquelle M. Michel se décidera à fixer cette heureuse inspiration devra décider d'ailleurs du genre d'améliorations matérielles qu'il y pourra apporter. Les exigences du marbre, de la pierre, du bronze, sont si différentes, qu'une figure, même comme celle-ci, pouvant se prêter, sans répugnance, au point de vue linéaire, à des transformations diverses, n'en reste pas moins obligée de modifier ses apparences plastiques suivant l'opacité ou la transparence, la dureté ou la mollesse de la matière employée. C'est ainsi qu'une excellente figure dont nous avons parlé avec éloge l'année dernière, l'*Orphée* de M. Peinte, d'une découpure vraiment heureuse, n'a pas gagné, autant qu'elle le devait, à se changer en bronze, parce que le modelé, trop adouci et trop caressé, n'offrait pas d'un bout à l'autre l'accent et l'élasticité qu'exige cette matière absorbante et résistante. Au contraire, *le Chasseur* de M. Carlès, chasseur des temps héroïques, apportant en triomphe sa proie sur ses épaules, accentue heureusement dans le bronze la rudesse vivante de sa silhouette hardie. Les sculpteurs doivent assez souvent se défier des procédés courants de la fonte et des infidélités ou maladresses de l'ajustage et de la ciselure pour ne pas s'exposer à de plus grands malheurs en livrant des modèles trop sommaires ou d'une adaptation trop difficile. La *Pandore* de M. Pépin, évidemment destinée au bronze, et qui n'est point sans mérite, aurait aussi besoin d'une révision à ce point de vue. Le globe minuscule sur lequel se dresse la distributrice de tous les maux, et le nain, gnome ou démon, que ce globe écrase, sont d'une petitesse par trop disproportionnée à la figure qu'ils supportent. L'allégorie d'ailleurs n'est pas claire ; je m'imagine que M. Pépin a voulu représenter le triomphe définitif de la seule vertu renfermée dans la boîte magique sur toutes les misères qui en sont sorties, la victoire de l'espérance sur le mal ; il y a, dans sa composition, des intentions ingénieuses et peut-être profondes ; il est fâcheux qu'elles ne s'expriment pas plus nettement. *La Marchande d'amours* de M. Lemaire est plus facile à comprendre ; elle est aimable et gracieuse ; mais, avant de nous revenir, elle fera bien d'engraisser sa marchandise.

M. Leenhoff dans sa figure d'*Echo*, M. Mégret, dans son groupe de *Vénus et l'Amour mutin*, M. Barthélémy, dans sa *Pastourelle du Faune*, n'apportent pas certainement le même désir de transformer la tradition païenne par quelque innovation intellectuelle ou décorative. Ce sont des adorateurs respectueux et soumis des chefs-d'œuvre classiques, dont les ouvrages corrects ne prétendent exciter aucune surprise. L'*Écho* de M. Leenhoff se fait cependant remarquer par le naturel de l'attitude, la délicatesse de l'expression et une certaine distinction générale dans le sentiment et la facture. L'*Enfance de Bacchus*, par M. Granet, est une imitation par trop flagrante du Mercure volant de Jean de Bologne, auquel le sculpteur a seulement confié le soin d'emporter dans son voyage aérien un marmot de bonne humeur. On n'est pas surpris de trouver plus d'originalité dans le bronze de M. Zacharie Astruc, le *Roi Midas*, fantaisie amusante, qui aurait pu facilement dégénérer en caricature, mais que l'artiste a su contenir avec goût dans les limites d'une satire enjouée. Cet amateur célèbre, ce judicieux connaisseur, qui préférait les chants de Pan à ceux d'Apollon, est assis sur un siège soutenu aux quatre angles par des têtes d'aigles, symboles de sa supériorité intellectuelle. C'est un bonhomme qui a beaucoup réfléchi, comme on en peut juger par les rides de son front et de ses joues. Il a l'entière conscience de sa valeur. Son air béat de satisfaction vaniteuse, son sourire niais de protection imbécile, ne laissent aucun doute à cet égard. Chargé, comme un parvenu, de bracelets et de joyaux, il possède déjà les majestueuses oreilles d'âne dont Phœbus lui a fait don, mais, les ayant surmontées d'une couronne de laurier, il n'en continue pas moins à prodiguer ses avis délicats à qui veut les entendre. Penché en avant, ayant jeté à ses pieds la lyre qu'il dédaigne, il est en train d'expliquer les mérites plus simples et plus moraux de la flûte de Pan qu'il tient à la main. C'est la bêtise épanouie dans toute sa splendeur. Sur les faces postérieures du siège, un sculpteur prophétique a vainement tracé en bas-relief la scène de l'esclave racontant aux roseaux bavards l'infirmité de son maître ; le royal critique ne se doute ou n'a cure de ces basses indiscrétions : il continue à fonctionner avec ses belles oreilles.

M. Astruc et M. Allouard ont su mettre de l'esprit dans leur sculpture ; c'est un rare mérite d'y bien réussir, car le marbre et le bronze ne se prêtent qu'à un genre d'esprit très limité, l'esprit dans l'attitude et dans le type ; encore y faut-il apporter assez de tact et de prudence pour ne pas troubler outre mesure le rythme des masses et des lignes plastiques, sans lequel il n'y a plus de sculpture. En réalité, ce genre de recherche n'y peut être qu'exceptionnel, car tout homme qui travaillera durant des mois ou des années sur une masse d'argile ou de marbre pour en faire sortir une création durable sera bien plus porté, par la durée même de son labeur et la longueur de sa contemplation, à donner à cette création un caractère permanent de beauté, de force ou de grâce qu'un caractère passager de finesse spirituelle. De même tout homme contemplant une œuvre de statuaire de grande dimension, dans une matière difficile à travailler, désirera toujours y trouver une solidité de conception en rapport avec la durée du travail accompli et une gravité d'expression en rapport avec la stabilité de la matière employée. Aussi, ce qui rappelle invinciblement, lorsqu'ils sont libres, les sculpteurs vers les vieux sujets mythologiques, c'est, en général, la facilité qu'ils y trouvent de représenter, sous des prétextes reçus, les formes éternelles de la vie, soit en repos soit en mouvement. Créer des êtres idéalement vivants, c'est là le véritable but de leur art, l'objet réel de leur intime passion, le motif déterminant de leurs labeurs et de leurs sacrifices. Tout sculpteur est un Prométhée qui rêve de voler le feu du ciel pour en animer son argile, tout sculpteur est un Pygmalion qui espère à chaque instant voir son marbre lui ouvrir les bras pour l'embrasser ; dans aucun art, le rêve sorti du cerveau de l'artiste ne peut revêtir une forme plus précise et plus voisine de la réalité ; c'est pourquoi l'effort pour réaliser cette forme à la fois réelle et idéale -suffît à lui donner une ivresse de création qui, dans les œuvres de certains sculpteurs passionnés, comme M. Falguière, par exemple, éclate avec une vivacité et une chaleur saisissantes.

Si les Grecs n'avaient pas inventé le mot en même temps que la chose, et dit les premiers de leurs grands sculpteurs qu'ils faisaient respirer la matière, on eût trouvé l'expression pour caractériser le talent de M. Falguière, l'un des plus hardis et des plus heureux tailleurs de marbre qu'on ait jamais vus. On avait déjà rencontré autrefois en plâtre cette *Nymphe chasseresse*, une belle fille, très peu déesse, de forte race, de type commun, aux formes plus riches que délicates, lancée au galop et décochant une flèche, tout le corps en avant et formant presque angle droit avec la jambe posée sur le sol. Ce mouvement qui, vu de certains côtés, ne laisse pas l'œil sans inquiétude au sujet de l'équilibre de la figure, avait déjà paru téméraire pour une figure destinée au bronze. M. Falguière n'a pas craint pourtant de lui faire affronter les périls du marbre. Ce tour de force, en tant que tour de force, nous intéresserait médiocrement, car il pourrait être d'un fâcheux exemple, venant d'un tel artiste, et le marbre a d'assez belles choses à dire dans le mode calme et puissant qui est le sien, sans qu'on s'efforce de lui en faire dire d'étranges dans le mode agité qui ne lui convient pas. Cependant, il faut le reconnaître, quelles que soient les appréhensions que suggère ce corps solide prêt à pivoter sur son frêle support, si peu séduisante que soit même, de certains côtés, cette disposition angulaire des jambes et du torse, l'on est si surpris par cette palpitation extraordinairement vivante du marbre, l'on en est même si charmé, qu'on se sent prêt de tout pardonner à cette jolie gaillarde, et son attitude risquée, et son embonpoint peu virginal, et son minois faubourien, tant est puissante et communicative cette expression sincère et chaude de la vie, même de la vie purement extérieure et sensuelle, lorsqu'un artiste est

II. LA SCULPTURE.

parvenu à la répandre ainsi dans son œuvre ! On doit constater, d'ailleurs, que, dans cette transformation, la Nymphe plébéienne a sensiblement gagné, même au point de vue des formes, et que sa beauté, sans pouvoir entrer en lutte avec la beauté aristocratique de sa maîtresse Diane, s'est pourtant quelque peu allégée.

Il est encore d'autres beaux marbres où l'on saisit, comme dans la Nymphe, tout le plaisir qu'a éprouvé le sculpteur à faire lentement sortir du néant, à caresser longuement des formes choisies. Telle est la *Danse* de M. Delaplanche, figure alerte et gracieuse que nous avons décrite en 1886, lors de sa première apparition ; telles sont les deux figures allégoriques de M. Barrias pour le grand escalier des fêtes de l'Hôtel de ville, le *Chant* et la *Musique*. Cette dernière est représentée par une svelte et robuste jeune femme jouant du violoncelle, dont la beauté souriante évoque le souvenir des musiciennes affables rangées par Véronèse autour du salon de la villa Barbaro. D'autres artistes, épris des grâces juvéniles de la forme humaine, sans chercher à y ajouter la poésie des sujets mythologiques ou allégoriques, la présentent avec bonheur en des actions familières qui sont de tous les temps et de tous les lieux. Les *Jeunes Baigneuses* de M. Escoula composent un morceau délicat et des mieux réussis. La plus grande, une jeune sœur ou une jeune mère, s'avance doucement sur une grève, tenant par la main la plus petite, une fillette d'une dizaine d'années. Celle-ci, pressée contre sa protectrice, serrant ses petites jambes, détourne la tête, par un mouvement bien enfantin, de cette vilaine eau qui lui fait peur. Il n'y a aucune mesquinerie non plus qu'aucune affectation de style dans l'agréable façon dont ces aimables figures en marbre sont rapprochées et modelées. Leur simplicité chaste fait leur plus grand charme. Des qualités du même ordre, une délicatesse naïve, un sentiment pur et respectueux de la beauté virginale, ont fait remarquer la jeune fille de M. Mathet, qui, dans une action semblable, regarde, en levant les bras, par un geste de surprise inquiète, la source où elle va mettre les pieds. Ni le sujet ni le geste de cette *Hésitation* ne sont nouveaux, mais sujet et geste sont suffisamment renouvelés par la candeur délicate que M. Mathet y a su mettre, l'*Hésitation*, comme les *Baigneuses*, est un marbre. Le groupe de *Frère et Sœur*, deux enfants qui s'embrassent, par M. Albert Lefeuvre, est sculpté en pierre comme les figures naïves de nos cathédrales qu'il rappelle avec bonheur. Ce sont des œuvres définitives. La *Muse d'André Chénier*, par M. Puech, nous apparaît encore sous sa forme préparatoire ; toutefois on peut déjà penser que ce sera une Muse bien moderne et d'une grâce tout à fait tendre. Malheureusement la façon dont le sujet est compris, quelque habileté que puisse mettre l'artiste à en cacher l'horreur, nous paraît au fond répugner à l'expression plastique. Ce sujet avait déjà été traité, si nous ne nous trompons, par M. Louis-Noël ; en passant par les mains de M. Puech, il n'est pas resté moins lugubre. La Muse de Chénier est assise à terre, tenant entre ses bras et couvrant de baisers la tête coupée du poète guillotiné. Il est vrai que le sculpteur a enveloppé ce chef sanglant d'un long voile, il est vrai que le mouvement par lequel la jeune femme serre contre son sein ce front où il y avait encore tant de choses est un mouvement très souple, extrêmement bien combiné pour dissimuler l'aspect repoussant des tristes restes qu'elle caresse. M. Puech, en homme de goût, a donc senti tout ce qu'il y avait de difficile à sauver dans la réalisation d'une pareille image que la littérature peut évoquer un instant dans la pénombre confuse de l'imagination émue, mais qui ne semble point faite pour être précisée dans une forme d'art implacable comme la forme sculptée. C'est tout au moins, il nous semble, ce qu'auraient pensé les Athéniens du temps de Périclès. Quoi qu'il en soit, la figure de M. Puech est un excellent travail ; il était difficile de se mieux tirer d'un pas si périlleux. On s'arrête encore avec grand plaisir devant quelques figures masculines d'adolescents ou d'enfants, parmi lesquels les marbres de MM. Worms-Godfary et Gardet tiennent le meilleur rang. Le *Précurseur* de M. Gardet est un bébé assis, agitant une petite croix, qu'on peut reconnaître pour l'avoir déjà aperçu aux pieds de la vierge, devant le petit Jésus, chez Léonard de Vinci ou ailleurs ; ce futur mangeur des sauterelles qui se promènent allégoriquement sur son piédestal, cet ascète en herbe, possède, pour le moment, des petites joues bien pleines et un ventre rondelet qui font plaisir à voir ; la figure est aimable, toute voisine de la minauderie dans la conception comme dans la facture caressée à l'italienne. Il y a plus de simplicité, plus de candeur véritable, plus de bonhomie à la française, dans la manière dont se présente la figure de M. Worms-Godfary, le *Jeune Garçon mordu par une*

62

vipère. C'est un petit paysan debout, qui tient encore sous son pied, se tortillant et agonisante, la bête venimeuse qui l'a blessé, tandis qu'il presse de la main droite la morsure qu'elle lui a faite sur le dos de la main gauche. Le garçon s'examine avec un soin et une simplicité dignes de son camarade grec, le beau tireur d'épines, qui mettait tant d'attention, l'on s'en souvient, à se soigner le pied. Sa nudité, d'ailleurs, n'est pas moins complète, et M. Worms-Godfary a sculpté ce corps souple et délicat d'adolescent avec an scrupuleux respect et un amour précis de la forme qui témoignent d'études spéciales longuement et méthodiquement poursuivies. La figure, plus vêtue, d'une jeune fille se défendant contre un *Coup de vent*, par M. Pilet, est encore une statue agréablement composée dans un sentiment plus moderne.

Presque tous les sculpteurs dont nous venons de parler se sont exercés sur des thèmes restreints, qu'ils avaient eux-mêmes choisis ; ils ne se sont donc pas trouvés en présence des difficultés multiples et imprévues que présentent la conception et l'exécution, soit d'un ensemble de figures destinées à décorer un édifice ou un monument, soit d'une figure imposée dont on ne doit pas modifier le caractère. Ces difficultés, de diverses natures, peuvent quelquefois paraître insurmontables, comme l'eussent été, sans doute, pour beaucoup d'autres, celles dont M. Chapu s'est tiré victorieusement dans son groupe en marbre des *Frères Galignani*, destiné à la ville de Corbeil. Les frères Galignani, les fondateurs du *Galignani's Messenger*, Anglais de naissance, Français de cœur, sont morts, on le sait, en laissant des legs considérables pour des fondations charitables tant à Corbeil qu'à Paris. On peut voir, à la section d'architecture, les plans d'une maison de retraite construite à Neuilly, suivant leurs instructions, pour les hommes de lettres et les artistes sans ressources. Dans la section de sculpture, le groupe de M. Chapu atteste la reconnaissance de la ville près de laquelle ils habitaient, et que n'a pas oubliée leur générosité. C'est toujours une tâche assez ingrate (et nous en avons plus d'une preuve à l'exposition même) de poser sur un piédestal, au milieu d'une place publique, un personnage contemporain, surtout un personnage civil, n'ayant pour agrémenter les contours de sa silhouette sur le ciel que les pans maigres et secs du frac étriqué ou de la redingote égalitaire. Quelle peine il se faut donner pour

dissimuler les pauvretés de ce commode et ridicule ajustement !
Il va sans dire qu'on ne se hasarde jamais à l'empirer en y ajoutant
son complément nécessaire, le chapeau à haute forme, ce qui
serait pourtant tout à fait régulier ; en sorte que tous les grands
hommes du XIXe siècle, moins heureux que leurs prédécesseurs,
tous noblement ou familièrement coiffés du tricorne, du grand
feutre, de la toque ou du chaperon, sont absolument condamnés
à demeurer tête nue dans l'éternité, sous les rigueurs du soleil et
sous les fureurs de l'orage. Mais que de mal on doit prendre encore
pour étoffer par quelque jet de manteau plus ample la maigreur
des torses ainsi emprisonnés dans leurs fourreaux noirs, pour
dissimuler surtout l'insignifiance et la raideur des jambes cachées
dans des enveloppes maladroites, qui ne sont pas assez collantes
pour laisser suivre le mouvement des membres, qui le sont
trop pour substituer à l'expression du mouvement anatomique
l'expression d'un mouvement décoratif ! S'il est difficile d'installer
un gentleman en redingote de marbre qui fasse bonne figure
à quelques mètres de terre, combien doit-il être plus scabreux
d'en installer deux à la fois ! Tel était le problème posé devant
M. Chapu, qui l'a résolu tranquillement et sans fanfaronnade, en
artiste intelligent et en habile ouvrier. N'avons-nous pas le droit,
après tout, aussi bien que nos pères, de passer chez la postérité tels
que nous sommes ? Ne devons-nous pas avoir le courage de nous
montrer chez nos arrière-neveux avec nos vêtements ridicules,
puisque nous n'avons pas le courage d'en changer ? Ces arrière-
neveux seront probablement pour nous beaucoup plus indulgents
que nous-mêmes, et ils trouveront certainement un attrait pour
leur curiosité historique dans la sincérité même de nos ajustements,
si singuliers qu'ils puissent être, comme nous en trouvons nous-
mêmes un très vif dans l'exactitude de certains costumes bizarres
du moyen âge ou du XVIIe siècle, qui n'étaient pas, après tout, ni
mieux adaptés que les nôtres à la forme du corps, ni plus soumis
à ses mouvements, ni plus expressifs dans leur froide rigidité ou
dans leur hypocrite luxuriance.

L'essentiel est que le caractère du personnage se dégage
simplement et vivement de cet appareil passager et conventionnel.
A ce compte, les effigies des frères Galignani auront la même valeur
pour l'avenir que les belles figures couchées ou agenouillées sur

leurs sarcophages auxquelles les artistes d'autrefois ont su donner une expression si nette et si vivante, quel que soit le vêtement dont ils sont enveloppés, armure aux arêtes anguleuses ou robe aux longs plis symétriques. L'artiste a posé l'un près de l'autre les deux frères en des attitudes familières, qui indiquent à la fois leurs habitudes de collaboration intellectuelle et leurs rapports de confiante affection. L'un d'eux, assis sur un fauteuil, sous lequel est empilée une collection du *Galignani's Messenger*, tient une grande feuille de journal déployée sur ses genoux, et, relevant la tête vers son frère, qui se tient debout à sa gauche, semble lui poser quelque interrogation. Celui-ci, appuyé sur le bras du fauteuil, une main dans la poche de son pantalon, jouant de l'autre avec son binocle, se penche d'un air bienveillant pour approuver. Les deux têtes, d'un type très marqué, d'une expression intelligente et douce, doivent être d'une ressemblance parlante. Les vêtements, ces terribles vêtements, redingotes et pantalons, sont plissés et fripés avec une adresse naturelle et simple, qui en fait disparaître toutes les raideurs sans leur rien enlever de la correction qui convient aux habits de si parfaits *gentlemen*. Il est probable que M. Chapu a éprouvé moins de plaisir à manier ces draps noirs qu'il n'eût fait à manier la laine souple d'un blanc péplum sur une épaule de déesse, mais il n'est point mauvais que des artistes de cette valeur soient mis de temps à autre en présence d'embarras auxquels sont forcément exposés la plupart de leurs confrères. La façon même dont ils s'en tirent prouve aux autres que le problème n'est pas insoluble, et que les mieux armés pour le résoudre sont précisément ceux qui semblent aux gens superficiels s'y être le moins spécialement préparés.

Par un hasard singulier, M. Mercié, qui d'habitude se complaît autant que M. Chapu en la compagnie des héros et des dieux, s'est trouvé aussi, cette année, en présence d'une figure très nette, qui ne se prêtait pas plus que celle d'un directeur de journal aux transformations idéales. L'effigie de M. Zafiri, négociant grec établi à Constantinople, dont le tombeau doit s'élever dans un cimetière d'où l'on voit la mer, est comprise dans un esprit aussi moderne que possible. M. Zafiri, vêtu d'une redingote et d'un pardessus, chaussé de bottines à boutons, est assis, les jambes allongées, sur un large divan oriental. A ses pieds gisent des roses effeuillées. Il a la tête nue et se tient accoudé, dans l'attitude de la réflexion, sur un traversin. Pour bien comprendre sa pose, il faut remonter à la section d'architecture, où l'on trouve une aquarelle de M. Esquié donnant l'ensemble du monument dans lequel doit prendre place cette figure. C'est un édicule oblong, en forme de dais, de style mi-classique, mi-oriental, adossé à une muraille, et supporté par deux piliers, auquel on accède de trois côtés par une série de gradins. Sous le dais repose M. Zafiri sur son divan, tandis que sur les gradins monte vers lui une femme drapée, qu'on voit de dos dans le dessin, et qui est accompagnée d'une petite fille. Ces deux figures complémentaires paraissent devoir être également des portraits et représentent sans doute la femme et la fille de M. Zafiri. Il est certain qu'en modelant ces deux figures élégantes et simples, M. Mercié se trouvera plus à l'aise qu'en employant son ciseau à reproduire les vêtements si bien confectionnés, à la dernière mode parisienne, du chef de la famille. Toutefois, en traitant la partie la plus difficile de son ouvrage, il y a déjà mis l'adresse et la liberté qu'il apporte en tout ce qu'il fait. Il est resté sculpteur malgré tout, et dans son œuvre comme dans celle de M. Chapu, la ferme vigueur de la tête domine et sauve tout le reste.

Les statues des MM. Galignani et de M. Zafiri sont en marbre ; il faut bien reconnaître que cette éclatante et noble matière se prête moins encore que le bronze aux apothéoses des gens en paletot. Le bronze, avec ses modelés sourds et ses opacités résistantes, dissimule avec indulgence bien des vulgarités et des pauvretés que la transparence du marbre met au contraire en pleine lumière. Dans le bronze, il suffit d'une silhouette heureuse, d'une attitude bien indiquée, d'un geste clair et expressif, pour obtenir le résultat désiré, lorsqu'il s'agit, bien entendu, d'une figure colossale ou de grandeur naturelle, de celles qu'on dresse sur les places publiques. Si nous en jugeons par la réduction figurant au Salon, la statue de *M. Boucicaut*, fondateur du Bon Marché, sur la place de Bellême, par M. Etienne Leroux, doit y faire assez bon effet. Rien n'indique précisément, dans les accessoires, la profession à laquelle M. Boucicaut dut sa fortune et sa gloire, mais l'image est très familière et très vivante ; c'est celle d'un homme intelligent, satisfait, bienveillant, à qui le monde a souri et qui sourit au monde ; les enfants de Bellême, à le regarder, n'y prendront que des habitudes de belle humeur et des idées encourageantes. On voudrait un peu de cette animation dans la statue de l'illustre chimiste *J. -B. Dumas*, pour la ville d'Alais, par M. Pech ; cette grosse figure nous a paru épaisse et lourde, et n'exprimer que médiocrement l'intelligence si ouverte et si vive du modèle. La statue agenouillée du *Comte de Chambord*, qui surmonte le monument important élevé à sa mémoire dans la ville d'Auray, drapée dans son manteau royal, présente naturellement une silhouette et une masse plus facilement sculpturales. A la hauteur où elle se trouve placée sur un piédestal beaucoup trop élevé pour ses proportions, il n'est guère possible de juger si M. Caravanniez a tiré parti, autant qu'il le pouvait, de la physionomie mélancolique et douce du prince exilé. Les quatre figures historiques qui entourent le piédestal, *Sainte Geneviève, Jeanne d'Arc, Bayard, Duguesclin*, sont exécutées avec une habileté facile qui frise la banalité. Avec deux autres figures agenouillées d'ecclésiastiques, celle de *Mgr Lamazou, évêque de Limoges*, pour l'église d'Auteuil, par M. Marquet de Vasselot, celle du *Cardinal Pierre Giraud, archevêque de Cambrai*, pour la cathédrale de cette ville, par M. Crauk, nous revenons au marbre, qui, entre des mains expérimentées, se prête si bien dans ce cas à des effets prévus, mais toujours renouvelables, tant dans l'accentuation des têtes, presque toujours caractéristiques, que dans le bel arrangement des draperies répandues autour du corps. Sous ces deux rapports, l'ouvrage savamment correct et soigneusement achevé de M. Crauk mérite notamment l'attention et l'estime.

Si les célébrités du jour, grandes ou petites, ont des tendances de plus en plus marquées à se grossir et s'agrandir parfois outre mesure et à revêtir des proportions colossales, les célébrités anciennes semblent prendre plaisir, au contraire, à se rapetisser. De même qu'autrefois, à la suite du *Jeune Chanteur florentin* de M. Dubois, du *Vainqueur au combat de coqs*, et du *Tarcinus*, de M. Falguière, on put voir, pendant plusieurs années, le Palais de l'Industrie envahi par une légion d'adolescents de plus en plus grêles et chétifs, de même aujourd'hui, à la suite du succès obtenu par le *Mozart enfant* de M. Barrias, on y voit pulluler les grands hommes en herbe à l'état d'écoliers et presque de marmots. C'est ainsi que M. Moreau-Vauthier nous présente le jeune *Pascal*, un genou en terre, traçant sur le parquet des figures géométriques, que M. Laouet fait chanter à la lune, d'un air sentimental, le jeune *Lulli* en tablier de marmiton, que M. Hercule montre le jeune *Turenne* regardant une épée dans une attitude martiale, et que M. Gaudez installe le jeune *Molière*, apprenti tapissier, son marteau à la main, sur un fauteuil dont il néglige de clouer les passementeries pour lire à la dérobée quelque pièce de comédie. Cette dernière figure est spirituellement et vivement troussée, avec la grâce et la désinvolture que M. Gaudez sait apporter en ces sortes d'affaires. Presque tous les autres artistes ont assez ingénieusement interprété, en les rajeunissant, les visages connus de leurs héros ; mais, c'est bien le cas de le dire, tout cela n'est que gaminerie et enfantillage. La conception de M. Barrias était heureuse, parce que, d'une part, elle était conforme à la vérité historique, puisque Mozart était un virtuose célèbre à l'âge où l'on est encore à l'école, et que, d'autre part, l'action d'accorder un violon est une action connue, facile à comprendre, se prêtant admirablement, comme l'a prouvé l'habile artiste, au développement sculptural d'une attitude très vive et d'un geste très expressif. Il n'en est pas de même pour la plupart des petits bonshommes dont l'on nous veut faire prévoir maintenant les grandes destinées ; si leurs noms n'étaient pas inscrits sur leur socle, on ne se douterait guère de leur futur génie, et les actions auxquelles ils se livrent, actions qui ne dépassent pas la mesure de l'activité ordinaire des enfants, ne sont pas en elles-mêmes d'une nouveauté bien surprenante ni d'un effet très sculptural. Il est plus naturel, il est plus juste de représenter les grands hommes à l'heure où ils le sont devenus ; s'il nous semble à peine convenable de les montrer dans leur décrépitude, il nous semble presque ridicule de les vouloir deviner avant leur floraison. Le *Hameau* de M. Allasseur et le *Racine* de M. Allouard ne réalisent peut-être pas aussi complètement que possible l'idée qu'on a pu se faire de ces deux maîtres en l'art musical et en l'art poétique ; néanmoins, la manière dont tous deux se présentent dans leurs vêtements de cour, abondants et pompeux, est infiniment plus respectable et plus digne. Dans ces sortes de représentation, l'imagination non plus ne gâte rien ; on en trouve la preuve dans le *Boucher* de M. Aubé. Le décorateur des boudoirs, nonchalamment assis sur un de ces rochers moelleux qui meublent les paysages bleus des trumeaux, trempe son pinceau dans la couleur d'une palette idéale qui lui est présentée par un Amour bouffi et gambadant. Le caractère galant

II. LA SCULPTURE.

et décoratif du talent de Boucher est infiniment mieux exprimé par cette aimable fantaisie, traitée vivement avec toute la désinvolture indispensable, qu'il ne l'eût été par une image plus exacte et plus réelle du peintre des grâces.

Si les documents précis font parfois défaut à ceux de nos artistes modernes qui veulent ressusciter les hommes et les femmes du passé, on peut croire que les artistes futurs ne se trouveront pas dans le même embarras, car on ne s'est jamais fait si volontiers portraiturer que de notre temps. Les bustes ne sont pas moins nombreux au Salon que les portraits peints ; la plupart sont, il faut bien le dire, médiocres et détestables ; toutefois, il en est un petit nombre qui sont des œuvres remarquables et quelques-uns qui sont des chefs-d'œuvre. La liberté avec laquelle nos habiles sculpteurs interprètent la figuré humaine et la variété des moyens qu'ils emploient pour mettre en relief les physionomies individuelles rendent cette collection aussi curieuse qu'intéressante. Il n'y a sans doute aucun rapport entre la gravité calme avec laquelle M. Guillaume représente *le Prince Napoléon* et *M. Chevreul* et l'âpreté fougueuse avec laquelle M. Dalou modèle la tête de *M. Henri Rochefort*, entre la désinvolture joviale avec laquelle M. Falguière présente le *Portrait de Mme P. P...* et la mystérieuse tristesse avec laquelle M. Rodin fait sortir d'un bloc rugueux la tête fatiguée et pensive de *Mme M. V..*, entre la naïveté plébéienne qu'apporte M. Baffier dans l'analyse d'un masque de *Jeune Berrichonne* et la distinction savante qu'apporte M. Degeorge dans son étude d'un *Jeune Florentin* ; mais tous ces artistes et bien d'autres, parmi lesquels nous rappellerons seulement MM. Fagel, Bastet, Gautherin, Carlier, Puech, Cordonnier, ont saisi et fixé, avec la même sincérité, quelque trait nouveau du visage et de l'âme moderne ; ils ont fait œuvre d'historiens, en même temps qu'œuvres d'artistes.

A ce point de vue, on ne saurait rester indifférent aux progrès que continue à faire, chez les sculpteurs, l'art du portrait sous une forme plus familière et plus intime, mais extrêmement précieuse, à cause même de ces qualités, l'art des médaillons et des médailles. Là aussi les moyens d'expressions varient suivant les tempéraments et suivant les écoles : les uns, comme MM. Léonard, Ringel, Deloye, Robert David d'Angers, inclinent plus vers l'expression mouvementée, pittoresque, décorative ; les autres, comme MM. Ponscarne, Alphée Dubois, Daniel Dupuis, Patey, se tiennent de plus près à côté des maîtres dessinateurs de l'antiquité et de la renaissance. Dans ce groupe actif et ingénieux, c'est toujours M. Chaplain qui tient la tête, parce qu'il joint à une science sûre et précise, à une observation ferme et pénétrante, à un goût noble et délicat, une qualité plus rare, celle qui fait les artistes supérieurs, une imagination inventive et poétique, à la fois généreuse et contenue, chaleureuse et maîtresse d'elle-même. Il n'y a qu'à examiner les revers des médailles frappées, cette année, par M. Chaplain, en l'honneur d'illustres artistes contemporains, MM. Henriquel Dupont, Guillaume, Cabanel, P. Laurens, à voir avec quelle ingéniosité, souvent profonde, il a rajeuni pour eux ces vieilles allégories de la *Gravure*, de la *Sculpture* et de la *Peinture*, pour comprendre la haute valeur de cet artiste exceptionnel et la légitimité de l'action qu'il exerce autour de lui.

II. LA SCULPTURE.

ISBN : 978-1981351688